AF355743

MÉTHODE D'ORAISON.

Imprimerie de Beau et Cie, à Saint-Germain-en Laye.

MÉTHODE D'ORAISON,

AVEC

UNE NOUVELLE FORME

DE MÉDITATIONS,

POUR TOUTE SORTE D'ÉTATS,

PAR

LE R. P. JEAN CRASSET.

DE LA COMPAGNIE DE JÉSUS.

—

NOUVELLE ÉDITION

REVUE PAR UN PÈRE DE LA MÊME COMPAGNIE.

PARIS,

CHARLES DOUNIOL, LIBRAIRE-ÉDITEUR,

Rue de Tournon, 29, près le Palais du Luxembourg.

1856

A LA

TRÈS-SAINTE ET IMMACULÉE MÈRE DE DIEU,

LA VIERGE MARIE.

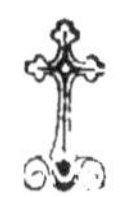

Vierge très-sainte,

C'est pour vos serviteurs, et pour vos enfants, que j'ai dressé cette méthode; c'est
pour leur faciliter l'accès auprès du divin
Emmanuel que vous avez donné au monde.
Vous savez de quelle manière il faut traiter
avec lui, puisque vous l'avez élevé dans vo-

tre sein, et que vous avez joui plus de trente-
ans de sa divine compagnie. Bénissez, s'il
vous plaît, cette petite instruction que je leur
donne. Ouvrez le sanctuaire de l'Oraison à
une infinité d'âmes qui en cherchent l'entrée, et qui ont de la peine à la trouver. Ra-
menez celles qui en sont sorties par dissipation de cœur ou d'esprit. Faites-nous connaître à tous par notre expérience, combien
il est doux de converser avec Dieu, et que
c'est dans son union que consiste le Paradis
du Ciel et de la terre.

PRÉFACE DE L'AUTEUR.

Cette Méthode d'oraison n'est pas tant pour en donner des préceptes que pour en faciliter l'usage à ceux qui ont de la peine à s'entretenir avec Dieu, et qui ont beaucoup de distractions dans leurs prières. Ce mal est si grand et si universel, qu'il se trouve peu de personnes, si spirituelles qu'elles puissent être, qui n'en soient travaillées, et qui ne s'en plaignent quelquefois à Dieu.

Quelques-uns, pour se délivrer de leur importunité, quittent tout à fait l'oraison, croyant faire moins de mal de ne point parler à la Majesté suprême que de lui parler avec irrévérence.

D'autres ne vont pas à cette extrémité : ils n'abandonnent pas tout à fait ce saint exercice, mais ils s'y présentent avec chagrin; ils y demeurent avec peine; ils en sortent avec dégoût; et attribuant toujours, ou à leur infidélité ou à la colère de Dieu, les pensées qui les tourmentent, ils demeurent continuellement altérés auprès d'un rocher dont ils ne sauraient tirer une seule goutte de dévotion.

Il est vrai que c'est souvent manque de foi, on de ce qu'ils ne le frappent pas du bois de la croix : car les consolations se mesurent au poids des tribulations; mais il est certain qu'il y a quantité de saintes âmes qui n'arrivent jamais à la terre de promission, pour ne savoir pas la route qu'il faut tenir dans ces pays déserts, stériles et inconnus.

C'est ce qui m'a obligé de composer ce petit ouvrage, dont la fin principale est d'encourager les âmes qui trouvent de la difficulté dans l'oraison, et de leur enseigner ce qu'elles doivent faire quand elles ne sauraient rien faire.

Je ne prétends point passer pour maître en cette science, ni dire quelque chose de nouveau. Peut-être qu'on trouvera partout ailleurs les préceptes que je donne, et la conduite que j'enseigne. Mais soit qu'elle soit nouvelle ou qu'elle ne le soit pas, j'ose me promettre que celui qui lira avec un peu d'attention ce que je dis de ces états de souffrance, en recevra beaucoup de consolation, et se trouvera plus animé que jamais à l'exercice de la prière qui est la fin que je me propose.

Les petites méditations que je mets ensuite sont courtes, solides et affectueuses. Il y en a pour tous les états où l'âme se peut trouver. Je prie Notre Seigneur de leur donner sa bénédiction et de me faire pratiquer ce que j'enseigne aux autres.

MÉTHODE D'ORAISON.

MÉTHODE D'ORAISON.

CHAPITRE I.

DE L'EXCELLENCE ET DE LA NÉCESSITÉ DE L'ORAISON MENTALE.

L'oraison, disent les Pères, est une élévation de notre âme à Dieu par l'union de notre esprit avec la première vérité, et de notre cœur avec la suprême bonté. C'est un hommage respectueux que nous rendons à la grandeur et à la majesté divine, par la soumission de toutes nos puissances.

Saint Chrysostome, dans les belles Homélies qu'il a faites sur la prière, dit que l'oraison est à une âme ce que sont les nerfs à un corps, les murailles à une ville, les armes à un soldat, les ailes à un oiseau, la respiration aux animaux. « Nous jugeons, dit-il, qu'un corps est mort qui ne respire plus, et nous devons croire qu'une âme est morte qui ne prie plus. »

Je sais qu'il parle de l'oraison en général, en tant qu'elle comprend la mentale et la vocale : mais comme la mentale en est l'âme et la principale partie, s'il est nécessaire de prier, on peut dire qu'il est nécessaire de méditer ; vu principalement que l'oraison vocale sans elle, n'est pas une véritable oraison, mais une vaine et criminelle occupation.

Ce n'est pas toutefois de cette méditation que nous parlons ici : mais de celle qui est purement mentale, et qui est, sans contredit, préférable à la vocale, si ce n'est lorsque cette dernière est de précepte et d'obligation.

Quelques docteurs célèbres rapportés par Suarez [1], ont cru que l'oraison mentale était nécessaire à toutes sortes de gens, et que sans elle on ne pouvait être sauvé. C'est pousser les choses trop loin. Il est croyable qu'ils entendaient par la méditation l'élévation de l'esprit et la réflexion nécessaire pour bien recevoir les sacrements, pour concevoir de la douleur de ses péchés, pour demander des grâces extraordinaires à Dieu, et pour produire dans les temps où ils

____

[1] *De Religione*, t. III. II, lib. II, c. 4.

sont commandés, des actes de Foi, d'Espérance et de Charité.

Quoi qu'il en soit, il est hors de doute que l'oraison mentale est très-utile, et, moralement parlant, nécessaire à ceux qui veulent vivre, je ne dis pas religieusement, mais encore chrétiennement, soit qu'ils commencent, soit qu'ils avancent, soient qu'ils soient arrivés à la perfection.

Ceux qui commencent doivent acquérir la pureté du cœur par des confessions fréquentes et par une mortification continuelle ; la confession efface l'acte du péché et la mortification en détruit le principe ; or l'une et l'autre demandent le secours de la méditation.

Un pénitent doit haïr son péché, et pour le faire, il en doit connaître la malice ; quel moyen de la connaître sans réflexion, sans considération et sans méditation ? Je ne parle point de l'examen qu'il faut faire sur les commandements de Dieu et de l'Église, qui est une manière de méditer aussi profitable qu'elle est nécessaire.

On ne peut aussi se mortifier sans le secours de l'oraison mentale, car la mortification est une chose très-violente à la nature, et très-contraire à ses inclinations : c'est un mal qui tend à sa destruction ; et comme tous les êtres travaillent à leur conservation, il est évident que si l'âme ne s'élève par l'oraison au-dessus d'elle-même, elle ne pourra concevoir cette sainte haine si nécessaire pour se priver de ce qu'elle aime, et pour embrasser ce qu'elle craint.

Ce que nous disons de ceux qui commencent, se doit dire aussi de ceux qui avancent : comme ceux-là sans la prière ne peuvent déraciner leurs vices, ceux-ci sans son secours ne sauraient acquérir les vertus. C'est dans l'oraison que l'âme en découvre la beauté, qu'elle en conçoit de l'amour, qu'elle s'anime à leur conquête.

Le grand cardinal Bellarmin [1], qui n'est pas moins illustre par sa piété que par sa science, dit que c'est l'oraison qui donne, pour ainsi parler, la vie à toutes les vertus, et qui les conserve dans l'âme.

C'est elle qui éclaire notre foi, nous approchant les objets que les sens éloignent de nous, et qu'ils nous rendent presque imperceptibles.

C'est elle qui soutient notre espérance par l'accès et par la familiarité qu'elle nous donne auprès de Dieu, et par l'union qu'elle nous procure avec notre principe.

---

[1] *De Orat.*, lib. I, c. 3.

C'est elle qui nous fait voir la vanité, l'inconstance et l'infidélité des créatures; qui nous donne horreur du monde, et qui nous embrase de l'amour de Dieu par la connaissance et l'expérience qu'elle nous donne de ses bontés.

C'est elle qui nous instruit nous-mêmes de nous-mêmes, qui nous fait des leçons savantes d'humilité, qui nous fait sentir et toucher notre néant, et qui nous découvre la grandeur et la sainteté de Dieu, auprès de laquelle nos vertus imaginaires n'ont plus ni être, ni beauté, ni forme, ni mesure.

Enfin c'est elle qui nous conduit en ces sacrés déserts où l'on trouve Dieu seul dans la paix, dans le repos, dans le silence et dans le recueillement. C'est elle qui nous mène spirituellement en enfer, pour y voir notre place; au cimetière, pour y voir notre demeure; au Ciel, pour y voir notre trône; à la vallée de Josaphat, pour y voir notre juge; en Bethléem, pour y voir notre Sauveur; au Thabor, pour y voir notre amour; au Calvaire, pour y voir notre modèle.

Il faudrait un volume entier pour déclarer les trésors de grâce que l'âme fidèle trouve en l'oraison, et les consolations qu'elle y reçoit de Dieu dans toutes ses peines.

Je sais que tout le monde ne peut pas donner chaque jour un temps considérable à l'oraison mentale, mais je suis persuadé qu'on n'arrivera jamais sans elle à la perfection chrétienne, à moins qu'on ne supplée à son défaut par la lecture des bons livres, par les avis des bons confesseurs, et par l'instruction des bons prédicateurs.

Il n'est pas nécessaire de faire voir que les parfaits doivent être gens d'oraison, puisque c'est elle qui nous unit à Dieu, et que c'est dans cette union que consiste notre perfection. Aussi n'a-t-on jamais vu de saints qui ne fussent affectionnés à la prière : c'était toute leur occupation et toute leur consolation. On peut dire que leur vie était une oraison continuelle, selon qu'ordonne le Fils de Dieu, et qu'ils priaient autant de fois qu'ils respiraient. Ce qui me fait conclure avec saint Augustin, que pour savoir bien vivre il faut savoir bien prier, comme pour savoir bien prier il faut savoir bien vivre. C'est une des conditions nécessaires pour bien faire oraison, dont il nous faut parler.

CHAPITRE II.

QUELLES DISPOSITIONS IL FAUT AVOIR POUR FAIRE ORAISON.

La pauvreté est éloquente ; pour savoir bien prier il ne faut que connaître sa misère. Il n'y a point d'avocat dans le barreau qui plaide mieux sa cause qu'un pauvre qui veut obtenir quelque chose d'une personne riche. Si nous sommes froids dans l'oraison, c'est que nous ne connaissons pas notre misère, et que nous croyons que rien ne nous manque.

Et cependant comme il n'y a point d'hommes sans désir, il n'y en a point sans indigence. Les grandes fortunes, à proprement parler, sont des illustres mendicités ; les rois sont plus dépendants que leurs sujets, il leur faut plus de secours qu'il n'en faut à un pauvre artisan. Car celui-ci pour vivre n'a besoin que de ses bras, et un roi pour subsister a besoin de tous ses sujets ; ce qui montre que les grandeurs ne sont que des servitudes éclatantes; aussi David se considérait comme un pauvre mendiant auprès de Dieu, et c'est ce qui le rendait si fort, si éloquent et si constant à la prière.

Il en est de même du reste des hommes : comme il n'y en a point qui ne soit misérable, il n'y en a point qui ne sache prier et demander ses besoins à Dieu ; mais combien en trouverez-vous qui sachent s'entretenir avec lui ? Dès lors que Moïse eut conversé avec Dieu, il ne pouvait plus parler aux hommes, et le priait de le dispenser de porter ses ordres à Pharaon. Mais nous voyons au contraire une infinité de gens d'esprit qui savent très-bien parler aux hommes, et qui ne sauraient parler à Dieu ; d'où vient cela ? du cœur qui est engagé dans le péché et dans l'affection des créatures. Car le cœur vole où est son trésor : on se plaît à converser avec ceux qu'on aime. Ce n'est donc pas merveille si celui qui n'aime pas Dieu, fuit autant qu'il peut sa présence et sa compagnie ; mais quand une âme est détachée de tous les biens créés, on ne saurait dire ni concevoir les douceurs qu'elle trouve dans l'oraison.

Les Apôtres disaient autrefois au Fils de Dieu : *Seigneur, enseignez-nous à prier;* étrange demande ! Il n'y a rien de plus misérable que l'homme, et il ne connaît point sa misère ; il a besoin de tout, et il ne sait ce qu'il doit demander : voilà l'effet du péché qui aveugle l'esprit, et qui vicie la volonté.

Mais ce qui est plus déplorable, c'est que vous verrez des gens qui connaissent leur misère et qui n'y veulent point de remède; ils sentent leur mal et ne le peuvent déclarer ; ils sont devant Dieu et ne sauraient que lui dire. Leur oraison est un égarement d'esprit et une dissipation de cœur continuelle.

Pour remédier à un mal si commun et si déplorable, il faut faciliter à tout le monde l'usage de l'oraison. Il y a des préceptes infinis dans les livres : le chemin le plus court, à mon avis, est celui du détachement et de la mortification. Vous saurez bien prier, quand vous saurez bien pleurer ; vous ferez une bonne oraison, quand vous aurez fait une bonne mortification. L'oraison est un feu qui ne se nourrit que du bois de la croix. Comment voulez-vous qu'un cœur demeure tranquille devant Dieu, quand il est agité de passions, et quand il se donne en proie à tous les désirs d'une nature sensuelle, avare et ambitieuse? La grâce est une qualité si pure et si délicate qu'elle ne peut avoir aucun commerce avec les sens. Ainsi pour s'élever au ciel, il faut se détacher de la terre, et pour s'unir à Dieu dans l'oraison, il faut se séparer de toutes les créatures par la mortification.

Vous me direz : Comment se peut-on mortifier, si l'on ne sait pas prier? car l'oraison est aussi nécessaire à la mortification que la mortification l'est à l'oraison. Je l'avoue, et c'est pour cela qu'il ne les faut jamais séparer ; quelque peine qu'on ressente à prier, il ne faut jamais abandonner la prière, d'autant que cette peine étant une très-grande mortification, elle dispose l'âme à recevoir de grandes grâces. Quand nous faisons ce que nous savons, Dieu nous enseigne ce que nous ne savons pas. Faites ce que vous pouvez, et Dieu fera ce que vous désirez. Mais pour faire ce qu'on peut, il faut savoir ce qu'on doit faire. C'est ce que nous allons enseigner aux chapitres suivants.

CHAPITRE III.

Il y a sept degrés ou sept espèces d'oraison mentale, outre l'oraison ou prière vocale.

La première s'appelle oraison de méditation.

La seconde, oraison d'affection.

La troisième, oraison de silence.

La quatrième, oraison d'union.

La cinquième, oraison de privation.

La sixième, oraison de transformation.

La septième, oraison de quiétude.

Dans l'oraison de méditation, l'âme considère, rumine et digère les vérités chrétiennes ; elle s'occupe de la vie et de la mort de notre Seigneur, de ses actions, de ses souffrances, de sa doctrine, de ses exemples. Cette oraison est comme la base et le fondement de toutes les autres, c'est la porte du sanctuaire par où il faut entrer ; et c'est une impudence extrême, dit saint Bernard, à une âme nouvellement convertie, de demander à l'époux un baiser de sa bouche, sans avoir auparavant baisé ses pieds par la pénitence, et ses mains par la pratique des bonnes œuvres. Quand elle aura longtemps travaillé à l'extirpation de ses vices et à l'acquisition des vertus, alors elle pourra soupirer après une faveur qu'on n'ose presque désirer en cette vie, tant elle est élevée au dessus du mérite et de la condition de l'homme.

L'âme donc doit méditer avant que d'aimer, travailler avant que de se reposer, chercher avant que de posséder. Mais quand son esprit, après de grandes lumières, ne trouve plus de quoi s'occuper dans la méditation, alors elle doit passer à l'oraison d'affection, gémissant et soupirant incessamment après ce divin époux, dont elle a connu le mérite et ressenti les bontés.

De cette oraison d'aspiration elle passe dans l'oraison du silence. Car après s'être lassée de crier, de parler, de méditer, de soupirer, de chercher et d'appeler, il se fait un silence dans le ciel de son âme qui lui fait connaître, comme à saint Augustin, qu'elle cherche hors de soi ce qu'elle possède dans soi ; et c'est dans ce silence mystérieux qu'elle voit des choses, et qu'elle entend des secrets qu'il n'est pas permis de révéler aux hommes.

Cette faveur est grande, mais celle qui la suit l'est encore davantage : car l'esprit étant comme exclus de ce divin sanctuaire, l'époux entre dans le cœur, toutes les portes des sens extérieurs et intérieurs étant fermées; il s'unit à l'âme par un attouchement secret, que Louis de Blois appelle *substantiel*. Car l'âme ensuite de cette union croit fermement qu'elle a touché substantiellement la divinité, d'autant que ce n'est point par les sens de la vue, ni de l'ouië, ni du goût, ni de l'odorat spirituel qu'elle sent Dieu présent, mais par celui de l'attouchement, lequel a cela de commun avec le corporel, qu'il s'unit immédiatement à son objet. Ainsi comme un ami, pendant la nuit, sent et connaît son ami, lorsqu'il le touche, quoi qu'il ne le voie pas; de même l'âme plongée selon l'esprit dans une obscurité très-profonde, sent d'une manière insensible en son cœur, et touche d'une connaissance que saint Bonaventure appelle expérimentale, immédiatement et substantiellement son époux, et c'est dans cette union inexplicable et même inconcevable à ceux qui ne l'ont point expérimentée, que consiste le mariage spirituel de l'âme avec Dieu, et les noces de l'Agneau qui la rendent mère et féconde en vertus, en mérites, en bonnes œuvres et en enfants spirituels, qu'elle produit incessamment par l'onction de sa parole, qui est celle de son divin époux. Bienheureux sont ceux qui sont appelés à ce festin et à ces noces de l'Agneau!

Cette opération céleste ne dure pas longtemps, mais le souvenir en est un baume qui réjouit l'esprit et les sens, quoiqu'ils n'en aient presque point de connaissance. La pauvre épouse, à ce souvenir, soupire sans vouloir soupirer; pleure sans vouloir pleurer. Elle demeure si remplie de Dieu, qu'elle ne saurait plus parler; et bien que cette opération soit passée, elle ne peut douter que Dieu ne soit en son cœur, et que son cœur ne soit en Dieu. A la présence de ce divin époux qui repose dans le fond et dans le centre de son âme, elle s'embrase quelquefois d'un amour si violent, qu'elle est en danger de tomber en défaillance si elle ne modère ses transports.

Mais d'autant que cet état est infiniment délicieux et se peut appeler le paradis de la terre, s'il durait longtemps l'âme ne mériterait presque rien, non plus que les bienheureux dans le ciel; du moins elle ne songerait presque point à l'autre vie, trouvant son repos et sa félicité en celle-ci. C'est pour cela que notre Seigneur retire tout d'un coup à quelques-uns, aux autres peu à peu, ces douceurs extraordinaires, et met l'ame en un état de privation.

On ne saurait expliquer l'étonnement de cette pauvre âme, lorsqu'elle se voit tout d'un coup plongée dans des ténèbres horribles, abandonnée à la fureur de ses passions, et, du paradis où elle était, précipitée dans un abîme de misère ; d'abord elle se croit perdue, et s'imagine avoir commis quelque grand péché qui a offensé son époux, et qui l'a obligé de retirer sa présence. Elle pleure, elle soupire, elle gémit, elle languit ; elle voudrait bien retourner à son premier état, mais elle ne peut ; elle trouve un chérubin armé à la porte de ce paradis qui lui en refuse l'entrée, elle fait tous les efforts imaginables pour produire des actes, et elle n'en saurait venir à bout, d'autant que son époux, qui est caché dans son cœur, tient toutes ses puissances liées, et les empêche de se répandre au dehors. Oh ! que cette âme alors a besoin d'une personne expérimentée qui l'assure qu'elle est bien, et qu'elle est entrée dans la vie de l'esprit, et dans le royaume de la grâce où les sens n'ont plus de part.

Quand une personne est fidèle et tranquille en cet état de privation, le divin époux ne manque point à se faire voir et sentir comme un soleil qui a dissipé les nuages qui le couvraient, et c'est alors qu'arrivent les extases et les ravissements ; la joie de cette chaste épouse est si ex-·cessive, qu'elle est en danger de se perdre, si elle ne se modère et ne se laisse conduire. Elle ne peut concevoir comme elle a pu croire qu'elle fût éloignée de celui qui était au fond de son cœur ; elle est toute confuse de ses infidélités, et après l'expérience qu'elle a de son amour, elle passe dans l'oraison de transformation, où elle devient un même esprit avec Dieu par l'anéantissement de ses jugements, de ses volontés, de ses actes, de ses puissances, et pour ainsi dire de son être : comme le bois après avoir été desséché et purifié est changé et converti en feu, avec cette différence que le bois change de nature, et que l'âme conserve la sienne, si pénétrée qu'elle soit de Dieu.

Ensuite son oraison n'est plus qu'un repos en Dieu, doux et tranquille, sans soin et sans désir, sans mouvement, sans recherche ; semblable aux fleuves qui se reposent dans la mer après avoir lontemps couru sur la terre ; semblable aux bienheureux qui jouissent de Dieu , et se perdent, pour ainsi dire, en lui, sans se mettre plus en peine d'eux-mêmes.

Voilà où arrive une âme qui est fidèle en l'exercice de la méditation et de la mortification, qui s'abandonne à la providence de Dieu, et qui ne s'appuie sur aucune créature.

Comme je ne prétends en ce traité qu'instruire les personnes qui commencent, et leur faciliter l'usage de l'oraison, je ne parlerai point de ces oraisons extraordinaires, et de la manière qu'il s'y faut gouverner, mais seulement de l'ordinaire qu'on appelle méditation [1].

[1] L'auteur, dans la division qu'il a proposée des différentes espèces d'oraison, s'est un peu écarté de l'ordre que suivent communément les écrivains mystiques. Sainte Térèse, entre autres, place l'oraison de quiétude dans un degré inférieur à celui de l'oraison de l'union. Du reste, il est important de faire remarquer, après saint Liguori et sainte Térèse, que la perfection de l'âme consistant dans son union avec Dieu, ou autrement dans la conformité de sa volonté avec la volonté divine, il n'est pas nécessaire pour cela que l'âme entre dans les voies extraordinaires de l'*union passive* ; il suffit de l'*union active* de la volonté qui se soumet et se conforme parfaitement à Dieu par un entier abandon et pleine ré-ignation de soi-même. (S. Alphons. de Ligorio, *Homo apost.*, t. III ; — sainte Térèse, *Château de l'âme*, V_e demeure.)

CHAPITRE IV.

DE LA MÉDITATION.

Cette oraison est nécessaire à ceux qui commencent, et demande des régles, des méthodes et des préceptes : elle est composée de quatre parties qu'on nomme préparation, considération, affection, et résolution. Tous les Pères spirituels traitent au long de cette matière, j'en fais un précis pour aider ceux qui ne les ont pas lus, ou qui ne les peuvent pas lire.

§ 1.

De la préparation.

C'est tenter Dieu que de commencer son oraison sans s'y être préparé, et c'est le mépriser que de se présenter devant lui d'une manière brusque, audacieuse et inconsidérée. Comme nos lumières sont bornées, nous ne faisons rien de bien sans nous y être préparé auparavant. Les grandes actions demandent de grandes considérations, et les grandes entreprises de grands préparatifs. Eh! que peut faire un homme de plus grand, de plus noble et de plus important que de s'entretenir avec Dieu des affaires de son salut? Il ne faut donc pas se présenter à l'oraison sans s'y être disposé. C'est l'ordre que la nature garde en tout ce qu'elle fait: les ouvriers en tous les arts, les orateurs en tous leurs discours, les politiques en tous leurs desseins, les sages en toutes leurs entreprises.

Il y a deux sortes de préparation : l'une éloignée, l'autre prochaine.

La *préparation éloignée* consiste en trois choses. Premièrement à tenir, autant que possible, son esprit recueilli pendant le jour.

2. A conserver son cœur pur de tout péché, et libre de toute passion.

3. A lire le sujet de sa méditation.

Comme j'instruis ceux qui commencent, je ne prétends point prescrire de règles aux parfaits. Il y a des mystiques qui affirment qu'ils n'ont point besoin de préparation pour faire oraison. C'est mal parler, à mon jugement; ils veulent dire, sans doute, qu'ils sont toujours préparés à faire oraison, ce qui est vrai; car ils sont toujours unis à Dieu, et ont continuellement leur sujet dans l'esprit qui est renfermé dans ces grands noms *de Dieu, de tout,* et *de rien.*

Pour la *préparation prochaine* elle comprend quatre choses, qui sont très-nécessaires pour bien faire l'oraison.

La première est une vive foi de la présence de Dieu, qu'on peut appeler l'âme, le soleil et le feu de l'oraison; l'âme qui l'anime, le soleil qui l'éclaire, le feu qui l'échauffe.

Il y a deux manières de se mettre en la présence de Dieu : l'une considérant notre Seigneur, ou dans le ciel d'où il nous regarde, comme il faisait à l'égard de saint Etienne, ou dans le Saint-Sacrement où il repose. Cette représentation de l'humanité sainte qui nous éclaire peut servir à ceux qui commencent, pourvu que ce soit sans violence et sans effort d'imagination.

L'autre manière de se mettre en la présence de Dieu est plus spirituelle. Elle consiste à croire et à se souvenir que nous sommes devant Dieu, et que Dieu est devant nous; que nous sommes avec Dieu, et que Dieu est avec nous; que nous sommes dans Dieu, et que Dieu est dans nous. Que son immensité remplit toutes choses, et pénètre jusqu'au fond et au dernier degré de notre être, comme parle saint Augustin; qu'ainsi nous ne pouvons jamais nous

éloigner de l'être de Dieu, quoique nous puis-
sions nous éloigner de son amour.

2. Après vous être mis en la présence de Dieu, il faut l'adorer avec un respect très-profond, vous prosternant de cœur et de corps devant lui.

3. Vous lui offrirez ensuite votre oraison et le temps que vous y allez mettre, protestant que c'est pour son amour, et pour lui plaire, que vous allez faire cette action; disposez vous à passer ce temps-là, ou dans les lumières, ou dans les ténèbres, ou dans la consolation, ou dans la désolation, sans chercher d'autre satisfaction que celle de faire la volonté de Dieu. Cette résignation est importante pour recevoir ses grâces, et pour demeurer tranquille dans tous les états où il vous mettra. Si vous sortez content de l'oraison, après avoir fait ce que vous avez pu, c'est une marque que vous y êtes entré avec une intention pure; si vous en sortez triste et abattu, c'est une marque que vous y avez cherché votre satisfaction et non pas celle de Dieu.

La 4e et dernière chose que demande la préparation, c'est l'invocation du Saint-Esprit : reconnaissant que vous n'êtes pas capable d'avoir une bonne pensée, s'il ne vous la donne, d'arrêter votre esprit, s'il ne l'applique, d'élever votre cœur, s'il ne l'attire, d'avoir de l'amour pour lui, s'il ne vous échauffe et s'il ne vous anime.

§ 2.

De la considération.

La considération fait, pour ainsi parler, le corps de la méditation. Le prophète Jérémie dit [1], que la terre est tombée dans une désolation universelle, parce qu'il ne se trouve personne qui rentre en soi-même, et qui considère les grandes vérités de la religion. David appelle bienheureux ceux qui approfondissent les commandements de Dieu [2], car ils y trouvent enfin la veine d'eau vive, et les trésors de la grâce qui y sont enfermés. « Heureux, » dit-il ailleurs, l'homme qui ne s'est point » laissé aller au conseil des impies, et qui ne » s'est point arrêté dans la voie des pécheurs, » et qui ne s'est point assis dans la chaire de » pestilence : mais qui au contraire met toute » son affection en la loi du Seigneur, et qui la » médite jour et nuit, il sera semblable à un » arbre planté sur le bord des eaux courantes

[1] C. 12
[2] P., 118.

» qui portera son fruit en son temps. » Voilà comme il commence le premier de tous ses cantiques.

La manière de considérer est différente selon la diversité des sujets et des personnes. Il y a des sujets qui représentent quelque mystère, ou quelque action de notre Seigneur; et alors il en faut examiner toutes les circonstances : par exemple si l'on médite sa passion, il faut considérer qui est celui qui souffre? quelles peines il souffre? où est-ce qu'il souffre? de quelle manière il souffre? pour quel sujet il souffre?

Si c'est de quelque vertu qu'on fasse sa méditation, il en faut considérer la nature, les propriétés, la beauté, l'utilité, la nécessité, les moyens de l'acquérir, et les occasions de la pratiquer. Si c'est sur un vice qu'on médite, il en faut découvrir la malice, les mauvais effets, et les remèdes qu'on peut y apporter.

Il y a des personnes qui sont peu capables de discourir ou méditer; soit parce qu'elles sont convaincues de toutes les vérités chrétiennes, soit parce qu'elles n'ont pas de facilité à raisonner, soit parce qu'elles ont l'esprit trop pesant ou l'imagination trop légère.

Ceux qui sont convaincus des vérités chrétiennes doivent plus donner à l'affection qu'à la considération; il est bon aussi quelquefois, qu'ils se tiennent paisibles en la présence de Dieu, ou qu'ils l'écoutent parler dans le fond de leur âme, ou qu'ils demeurent à ses pieds comme la Madeleine, ou qu'ils attendent le mouvement de l'eau comme le paralytique, jetant de temps en temps quelques soupirs, et priant notre Seigneur de leur donner son saint amour.

Ceux qui ont de la peine à discourir, peuvent se servir de la méthode de Grenade et de S. François de Sales, qui conseillent à ceux qui commencent, principalement aux femmes, d'avoir leur livre devant les yeux, de lire le premier point, et s'il ne leur vient point de bonnes pensées qui les occupent, de recommencer et de lire les deux premières lignes avec attention, comme si c'était notre Seigneur qui leur parlât par ce livre; puis s'arrêter un peu à ruminer ce qu'ils ont lu, et à produire quelque affection conforme au sujet. Après ces deux lignes ils en liront deux autres, considérant la vérité qui leur est proposée, faisant réflexion sur leur vie, et produisant des affections de remerciement, ou de douleur de leurs péchés. Quand ils trouveront quelque chose qui les touchera, ils doivent s'y arrêter sans passer outre, et en tirer tout le profit qu'ils pourront. Que s'ils ne rencontrent rien qui les occupe, ils auront recours aux autres méthodes que nous enseignerons ci-après.

Ceux qui ont l'imagination vive et légère, doivent la fixer à quelque lieu ou à quelque figure, se représentant le mystère comme s'il se passait devant leurs yeux. Ainsi méditant la nativité de notre Seigneur, il faut s'imaginer être dans l'étable ; si sa mort, sur le calvaire ; si sa transfiguration, sur le Thabor. Si nous méditons l'enfer, il faut descendre d'esprit dans ce lieu de tourments ; si la mort, il nous faut considérer sur un lit prêts à rendre l'âme. Que si c'est une vérité qu'on considère, il faut se représenter Jésus-Christ qui nous instruit, ou dans quelque autre figure qui ait du rapport avec la vérité. Cette représentation sert à arrêter l'imagination, et S. Ignace en fait un prélude, c'est-à-dire une entrée à la considération.

Mais il faut prendre garde, comme j'ai dit, à ne se pas faire de violence : au contraire, si dès le commencement de l'oraison on se sent attiré à la présence de Dieu, on y doit demeurer sans entrer dans son sujet. Si la même chose arrive dans le cours de la méditation, on doit quitter tous les discours pour s'abandonner à l'opération du Saint-Esprit, c'est l'avis que donne le même saint Ignace en ses Exercices.

§ 3.

Des affections.

Les considérations se forment dans l'entendement, et les affections dans la volonté. Les pensées stériles ne servent qu'à rendre un homme vain et méchant, mais les pensées affectueuses le rendent humble et saint. La lumière du soleil serait un vain ornement à la terre, si elle ne faisait que l'éclairer : elle doit encore l'échauffer et la rendre féconde. Comme Dieu demande principalement notre cœur, les affections sont beaucoup plus nobles et plus nécessaires que les considérations.

Nous appelons affections, de bons désirs et des mouvements de l'âme, qui naissent de la considération de quelque sujet ; comme sont les actes de toutes les vertus, de foi, d'espérance, de charité, d'adoration, d'admiration, de louange, de remercîment, d'offrande de soi-même, de douleur de ses péchés, de confusion de sa vie passée, et autres semblables.

Comme c'est par ces actes que le cœur se détache des créatures et s'unit à Dieu, il en faut produire le plus qu'on peut, sans néanmoins se faire violence. Que si vous ne pouvez produire aucun acte de charité, produisez-en d'humilité : car cette vertu, dit saint Bernard, supplée au défaut de la charité. Souffrez si vous ne pouvez prier, faites une oraison de patience au lieu d'une oraison de consolation ; entretenez-vous de la manière que nous enseignerons bientôt. Surtout demeurez paisible, et ne vous troublez point, vous persuadant que la plus excellente de toutes les oraisons est de faire la volonté de Dieu, et de se trouver bien partout où il nous met.

§ 4.

Des résolutions.

Entre toutes les affections de l'âme, la principale est la résolution qu'il faut toujours former, soit qu'on ait de la consolation, soit qu'on n'en ait point.

Il y en a qui passent le temps de l'oraison en des spéculations savantes ; d'autres en des sentiments tendres et affectueux ; d'autres dans des obscurités d'esprit ; d'autres dans des sécheresses et aridités de cœur ; il y en a qui pleurent toujours, il y en a d'autres qui ne pleurent jamais. Quelques-uns ont de la complaisance pour la vertu, mais n'en viennent jamais à la pratique : d'autres font mille belles résolutions, mais stériles et sans effet. Aristote dit que ceux qui étudient la morale sans en devenir meilleurs, sont semblables à un malade qui prendrait plaisir à entendre son médecin discourir de son mal, mais qui ne voudrait prendre aucun remède. Isaïe compare ces considérations infructueuses à des enfants qui ne peuvent sortir au jour, et qui font mourir la mère qui les a conçus.

Une oraison sans fruit est un amusement d'esprit et une oisiveté très-dangereuse. Il ne faut pas juger de la bonté d'une méditation par les sentiments de tendresse qu'on y a ressentis, mais par le profit qu'on en fait, du moins par le désir qu'on a de toujours bien faire. Quand vous sortez de l'oraison, si sèche qu'elle ait été, avec résolution de vous corriger et de faire la volonté de Dieu, vous n'avez pas perdu votre temps. Si les Sacrements ne nous rendent pas impeccables, beaucoup moins l'oraison ; mais elle nous doit empêcher de pécher si souvent et si grièvement, et nous animer à la conquête de la vertu pour y réussir.

Il faut remarquer qu'il y a deux sortes de résolutions ; les unes sont générales, les autres particulières. Les générales sont, par exemple, d'aimer Dieu de tout son cœur, de fuir le péché, de pratiquer la vertu, de ne se point mettre en colère, de se conformer en tout à la volonté de Dieu. Les particulières déterminent le lieu, le temps, les circonstances, comme de se mortifier en telles occasions ; de pratiquer la douceur et la patience en telle rencontre ; de se conformer à la volonté de Dieu en cette perte, en cette humiliation, en cette maladie.

Les résolutions générales ne sont pas mauvaises ; mais, autant qu'il est possible, il faut se proposer quelque chose en particulier, principalement le vice auquel on est le plus sujet, qu'il faut ruiner en toutes ses méditations, en dressant, pour ainsi parler, toutes ses batteries de ce côté-là. On peut d'autres fois former des résolutions de produire ce jour-là quelques actes de vertu, et en déterminer le nombre ; pourvu que vous emportiez ce fruit de votre oraison, vous devez vous persuader qu'elle est bien faite. Mais souvenez vous de quatre choses.

La première, que les résolutions doivent, tant que faire se peut, suivre les affections, puisque c'en est le fruit, soit que les affections soient douces et sensibles, soit qu'elles ne le soient pas.

La seconde, qu'il n'en faut pas produire beaucoup à la fois, mais une seule qui demeure imprimée dans l'esprit, comme le chasseur ne poursuit pas plusieurs lièvres à la fois, mais s'arrête à un seul.

La troisième, qu'il faut commencer par les choses faciles avant que d'entreprendre les difficiles ; corriger l'extérieur auparavant que de réformer l'intérieur. Car celui qui n'est pas fidèle dans les petites choses, ne le sera pas dans les grandes ; au contraire, si vous faites les choses faciles, Dieu vous aidera à faire les difficiles.

La quatrième, il ne faut pas que les résolutions se forment pour toute la vie, mais quelquefois pour un mois, pour une semaine, et principalement pour le jour présent. Si vous manquez à l'exécuter, et que vous soyez tombé comme auparavant, il ne faut point perdre courage, mais vous relever aussitôt, et réparer votre faute à la première occasion.

§ 5.

De la conclusion.

La conclusion ou le colloque comprend trois choses : l'action de grâces, l'offrande de soi-même et la demande.

Il faut premièrement remercier Dieu de l'honneur qu'il vous a fait, de vous souffrir en sa présence, des lumières et des bons désirs qu'il vous a communiqués.

Secondement, offrez-lui votre âme, votre corps, votre esprit, votre cœur, tout ce que vous possédez et tout ce que vous espérez, surtout les bonnes résolutions que vous avez formées en votre oraison.

Troisièmement, demandez-lui sa bénédiction et la grâce d'accomplir ce qu'il vous a inspiré, lui représentant votre faiblesse, votre inconstance, votre infidélité, votre malice ; adressez-vous tantôt à Jésus-Christ, tantôt à sa sainte Mère, tantôt aux Saints auxquels vous avez plus de dévotion, et qui ont excellé en la vertu qui vous est nécessaire.

Quatrièmement, après l'oraison conservez-vous, tant que vous pourrez, en la présence de Dieu, et dans un recueillement intérieur : ruminez pendant la journée ce qui vous aura le plus touché, afin que cette pensée vous conserve dans la dévotion, et vous fasse souvenir de votre résolution. C'est ce que saint François de Sales appelle le bouquet de l'oraison.

CHAPITRE V.

DES DISTRACTIONS.

Saint Bonaventure dit très-bien que tous les exercices spirituels consistent à enseigner trois choses : ce que c'est que Dieu, ce que c'est que l'homme, et comme il faut unir l'homme avec Dieu.

Il y a plusieurs unions, dont l'une est l'oraison : mais il est difficile de la conserver, d'autant que le démon fait tout son possible pour la rompre ; il tourmente une âme de distractions et de mauvaises pensées : ensuite il lui persuade qu'elle doit quitter l'oraison et qu'elle y perd le temps, qu'elle n'a point de dispositions à cela, que ce n'est point prier que de prier de la sorte, mais attirer la colère de Dieu ; qu'il y a moins de mal à ne point faire d'oraison qu'à la faire avec autant d'irrévérence ; qu'elle a l'esprit trop vif, l'imagination trop légère, des occupations trop grandes ; qu'elle ne saurait discourir ; que Dieu lui témoigne un

froid insupportable ; qu'il faut laisser cet exercice à ceux qui n'en ont point d'autre, et se
contenter d'une dévotion commune. Nous ne
voyons que trop souvent des âmes crédules, qui
se laissent surprendre à cette tentation, et qui
quittent Dieu de peur de déplaire à Dieu.

Pour remédier à un si grand mal il faut se
persuader trois choses.

La première, que de tous les remèdes qu'on
peut apporter aux distractions, le plus méchant
et le plus pernicieux est de quitter l'oraison ;
c'est ce que prétend notre ennemi, sachant bien
que lorsqu'il aura coupé ce canal des grâces,
il faut qu'une âme dessèche et qu'elle meure de
faim faute de nourriture.

La seconde, qu'il y a bien de la différence entre la consolation et la dévotion. La consolation
est ordinairement dans les sens, la dévotion est
dans le cœur : la consolation passe, la dévotion
demeure ; on peut avoir de la consolation sans
dévotion ; on peut avoir aussi de la dévotion
sans consolation. Dans les plus grandes aridités
une âme peut être contente et abandonnée au
bon plaisir de Dieu, et alors elle sera dans un
souverain degré de dévotion : car la véritable
dévotion, selon saint Thomas, est une disposition de la volonté déterminée à faire promptement, généreusement et constamment, tout

ce que Dieu désire d'elle. Ainsi l'on peut dire, qu'il n'y a rien de plus dévot qu'une personne qui n'a point de consolation et qui ne sent point de dévotion, pourvu qu'elle soit fidèle à l'oraison, et qu'elle se contente d'être en la disposition où Dieu la met, soit pour la punir, soit pour la sanctifier.

La troisième chose qu'il faut savoir, est qu'il n'y a pas tant de mal aux distractions et aux désolations qu'on s'imagine, mais bien plutôt que c'est une mine précieuse d'où l'on peut tirer des trésors infinis, pourvu qu'on en trouve la veine. Pour la découvrir, il faut savoir d'où viennent les aridités et les distractions.

CHAPITRE VI.

D'OÙ VIENNENT LES DISTRACTIONS ET LES ARIDITÉS.

Je ferais un grand volume si je voulais rapporter ce que les Pères ont dit sur ce sujet. Saint Bonaventure en apporte cinq causes, Gerson, dix-sept; on les peut réduire à trois : Dieu, l'homme et le démon [1].

Dieu ne fait rien que de bien ; il travaille toujours à notre salut, soit qu'il s'approche de nous, soit qu'il s'en éloigne; l'absence du soleil est presque aussi nécessaire à la terre que sa présence, l'une fait la nuit et l'autre le jour; la nuit n'est pas si belle que le jour, mais elle est aussi nécessaire que le jour. Or Dieu se cache et se retire de nous pendant l'oraison pour plusieurs raisons.

La première est pour nous tenir dans l'humilité; l'orgueil de l'homme est étrange, il ne peut rien et il se veut faire honneur de tout,

---

[1] *De Process. Relig.*, proc. 7. 11. *De Myst Theol.*

c'est une pure misère, et il ne croit point avoir besoin de miséricorde.

Si Dieu lui fait quelque grâce, il la regarde comme l'effet de son mérite ou de son industrie, et dérobe à son auteur la gloire qui lui en était due ; s'il prend un petit poisson, il sacrifie aussitôt à son filet, comme parle un prophète, au lieu de sacrifier à Dieu ; et s'il remporte une victoire, au lieu de baiser la main du Seigneur, qui l'a gagnée, il baise la sienne, qui est, dit Job, un péché très-grand et une impiété semblable à celle d'un homme qui nierait un Dieu.

Or c'est pour lui faire connaître sa misère et sa dépendance, que Dieu retire ses consolations ; il lui soustrait ses grâces tendres et affectueuses, pour lui en faire sentir la nécessité : c'est dans ces ténèbres qu'il lui découvre ce qu'il est, et dans ces aridités qu'il lui apprend à estimer et à demander ce qu'il n'a pas. « Mon » Dieu, disait le grand saint Augustin, que je me » connaisse, et que je vous connaisse. » On ne peut connaître Dieu, si on ne se connaît soi-même, et on apprend à se connaître dans l'école de la pauvreté.

On y apprend aussi le prix de la grâce : car c'est la rareté qui donne le prix et la valeur aux choses ; l'abondance, dit Tertullien, s'avilit et se décrédite elle-même; pour savoir ce que vaut un bien, il faut l'avoir perdu. Si nous avions toujours cette manne du Ciel, peut-être que nous nous en dégoûterions comme les Juifs ; mais quand nous en sommes privés, nous commençons à connaître ce qu'elle vaut : ensuite nous la désirons avec plus de ferveur, nous la demandons avec plus d'humilité : nous la cherchons avec plus de soin, nous la trouvons avec plus de plaisir, nous la conservons avec plus de circonspection, de crainte et de vigilance. Oh ! que je crains, dit saint Bernard, que les ingrats ne soient abandonnés de la grâce, qu'ils ne considèrent pas comme grâce, mais comme un bien dont ils se croient seigneurs et propriétaires. Il parle de la grâce de dévotion que Dieu soustrait souvent aux bonnes âmes, leur laissant toujours celle qui est nécessaire pour résister aux tentations, et pour faire sa volonté.

Cette privation est sensible, mais elle est nécessaire, non-seulement pour nous maintenir dans l'humilité et pour nous faire estimer la grâce ; mais encore pour accroître notre mérite : car, comme je dirai maintenant, nous ne méritons presque rien dans ces oraisons douces, tendres et affectueuses ; cet état n'élève point une âme au-dessus d'elle-même ; la nature y trouve son compte et sa satisfaction; c'est dans le pur amour, dans l'humilité et dans la patience que consiste le mérite : or la charité n'est presque jamais pure dans les attraits sensibles, humble dans l'éclat, patiente dans les plaisirs.

C'est pour cela que notre Seigneur laisse une âme dans ces ténèbres, dans ces désolations et dans ces aridités, comme il dit un jour à sainte Térèse. Cette sainte s'étonnait de voir des gens doctes se plaindre des aridités, sachant que l'âme honore plus Dieu dans cet état, qu'elle y acquiert plus de mérite, et qu'elle y pratique toutes les vertus avec plus de perfection.

C'est encore le temps où Dieu reconnaît ceux qui lui sont fidèles et qui l'aiment d'un véritable amour. Plusieurs disent avec David, dans l'abondance des grâces, que rien n'est capable de les ébranler, et dans l'indigence on les voit troublés et abattus. D'autres protestent avec saint Pierre, lorsqu'ils sont à un festin, que jamais ils n'abandonneront leur maître, et dans la tentation ils le renoncent comme lui. La faiblesse de l'homme est inconcevable, et sa présomption l'est encore plus. Il s'aveugle lui-même dans ses propres lumières, il s'oublie de sa pauvreté un moment après en être sorti, et se croit immortel aussitôt qu'il a un peu de santé; c'est pour cela que Dieu nous éprouve et nous tente, non pas pour nous connaître, car il sait ce que nous sommes; mais pour nous faire connaître à nous-mêmes. C'est ainsi qu'il tenta Abraham : « Oh! je connais, lui dit-il, maintenant que tu es mon serviteur, je ne doute plus de ta fidélité après l'obéissance que tu m'as rendue. » L'ange Raphaël parle de même au bon vieillard Tobie : « Parce que vous étiez agréable à Dieu, il a fallu que vous fussiez éprouvé par la tentation.» Il n'y a donc pas tant de mal qu'on s'imagine, dans ces états de sécheresse, puisque Dieu les permet pour nous tenir dans l'humilité, pour éprouver notre amour, pour nous faire estimer sa grâce, et pour augmenter notre mérite. Quelqu'un me dira sans doute qu'il n'aurait point de peine à porter cet état, s'il était assuré que c'est Dieu qui en est l'auteur; mais que ce qui l'afflige, c'est que ses distractions lui arrivent par sa faute, par sa négligence et en punition de ses infidélités. Nous répondrons bientôt à cette plainte, cependant il ne faut pas perdre courage, mais souffrir avec patience la peine que vous croyez avoir méritée, réparant par votre humilité ce qui manque à votre charité.

Il est vrai que les distractions viennent souvent de l'homme, ou parce qu'il a l'esprit trop vif, ou parce qu'il a les passions trop fortes, ou parce que son corps est infirme, ou parce que son imagination est volage, ou parce qu'il a commis quelque infidélité, et qu'il a le cœur attaché d'affection aux créatures. Mais toutes ces distractions sont innocentes, pourvu qu'on ne s'y arrête point. Il n'y a que celle du cœur qui soit criminelle, parce qu'elle est libre et volontaire, du moins en son principe.

Il faut joindre à cette occupation de la volonté, la dissipation de l'esprit pendant le jour, car s'étant rempli d'images vaines et curieuses, il est difficile que tout cela ne revienne pendant l'oraison. Aussi est-ce le sentiment des Pères et des Maîtres de la vie spirituelle, qu'il faut se vider pour être rempli, et se conserver durant le jour tel qu'on veut être dans la prière.

Quand je dis vider, je n'entends pas l'esprit, mais le cœur; car il y a des gens qui ne songent qu'à combattre leurs pensées, et ne songent point à combattre leurs passions. Ils s'attachent à tout, et ne veulent penser à rien; ils sont agités de désirs, et veulent dormir en repos: cela ne se peut. Il faut vider son cœur, pour vider son esprit, et vivre sans passion, pour prier sans distraction. Car le cœur suit son trésor, et on pense ordinairement à ce qu'on aime.

Il y a un certain état où l'âme ne peut plus ni raisonner, ni méditer, parce qu'elle est persuadée de toutes les vérités chrétiennes : comme elle a beaucoup travaillé, elle ne demande plus qu'à dormir. Elle fait comme le Disciple bien-aimé, qui reposait dans le Cénacle sur le sein de son Maître, pendant que les autres mangeaient. Les distractions qui arrivent en cet état, ne viennent point d'un mauvais fond; au contraire, ce sont des marques d'une plénitude de santé, et que l'âme doit changer de disposition et de méthode. Ainsi si votre cœur est détaché des créatures, et si vous êtes fidèle dans vos exercices de piété, vous trouverez dans ces sécheresses et ces aridités une riche moisson de grâce qui vous fera dire avec le Sage : *J'ai travaillé un peu et j'ai trouvé beaucoup de repos.* O bienheureux ceux qui meurent dans le Seigneur ! ils trouveront le trésor de leurs bonnes œuvres, ils jouiront du fruit de leurs travaux, le Dieu de paix essuyera leurs larmes, ils n'auront plus le reste de leurs jours ni soins ni inquiétudes, ni tristesse ni douleur !

Il y a une troisième cause de nos distractions qui est le démon notre ennemi : car sachant le profit que tire une âme de l'oraison, il fait tout son possible pour l'en dégoûter et l'en retirer, lui persuadant qu'elle perd son temps et qu'elle offense Dieu, bien loin de faire quelque chose qui lui soit agréable ; il l'accable de sommeil, de tristesse, de chagrin ; il lui met dans l'esprit des pensées abominables ; si elle s'y attache, il a ce qu'il prétend ; si elle en a de l'horreur, il augmente sa crainte et son aversion, il lui persuade que cela déplaît infiniment à Dieu, et que pour s'en défaire il faut quitter l'oraison, puisque c'est le temps où tous ces fantômes viennent fondre dans son esprit, et troublent son imagination. Hélas ! que de personnes crédules obéissent aux suggestions de l'ennemi, et se retirent comme des Caïns tremblants et fugitifs de la présence de Dieu. Après avoir connu les causes de ce mal, tâchons d'y apporter quelque remède.

CHAPITRE VII.

QU'IL NE FAUT JAMAIS SE TROUBLER DANS LES
DISTRACTIONS ET DANS LES SÉCHERESSES.

———

Pour supporter avec joie, du moins avec patience, la privation des douceurs et des consolations divines, il faut se persuader deux vérités : l'une qu'il n'y a pas tant de mal qu'on s'imagine en ces états de distractions et de sécheresses; l'autre qu'on y fait beaucoup de bien, et qu'on y acquiert beaucoup de mérite.

La première vérité n'a pas besoin de preuve, mais d'éclaircissement. Il est hors de doute que tout péché doit être volontaire, qu'ainsi vos distractions sont innocentes, si vous ne vous y arrêtez point volontairement, quand elles dureraient tout le temps de votre oraison.

Vous me direz peut-être qu'elles sont volontaires en leur cause, et que vous y avez donné sujet : mais quoique cela soit vrai, vous ne devez pas pourtant vous troubler, beaucoup moins

abandonner la prière; car, ou vous en connaissez la cause, ou vous ne la connaissez pas; si
vous ne la connaissez point, vous devez croire que
c'est une tentation du démon, ou une disposition
de la grâce, ou une épreuve de votre vertu, ou
une occasion de mérite, ou une infirmité de nature qui n'empêche pas que votre oraison ne
soit un sacrifice très-agréable à Dieu. Que si vous
en connaissez la cause, demandez-en pardon à
Dieu, promettez de vous en corriger, prenez votre
peine en pénitence; et vous ferez, croyez-moi,
une excellente oraison.

Ce n'est pas faire sagement que de remédier
à un mal par un autre. Je veux que vous vous
soyez trop dissipé pendant le jour, faut-il pour
cela vous enfuir de Dieu après l'avoir offensé?
faut-il se perdre dans les forêts pour s'être un
peu écarté de son chemin? C'est une erreur de
croire que les distractions de l'esprit viennent
toujours de la dissipation du cœur; j'ai fait voir
le contraire au chapitre précédent. Et quand
cela serait, à quoi bon se troubler? le trouble
augmente le mal au lieu de le diminuer, et
jette l'esprit dans de plus grands égarements,
au lieu de le redresser et de le ramener,

Vous dites que vous ne faites rien en l'oraison : je ne suis pas de votre sentiment; j'estime
au contraire que jamais vous ne faites plus,

que lorsque vous ne pensez rien faire. Pour vous persuader de cette seconde vérité, il faut remarquer qu'encore que le temps de la consolation soit plus doux que celui de la désolation, ce n'est pas néanmoins le temps où nous faisons mieux nos affaires, et où nous méritons davantage. Nous recevons dans la consolation, nous donnons du nôtre dans la désolation : dans l'une nous proposons, dans l'autre nous travaillons ; dans la première nous jouissons, dans la seconde nous combattons. A votre avis, n'y a-t-il pas plus d'honneur et de profit à donner qu'à recevoir, à travailler qu'à dormir, à combattre qu'à jouir ?

Résister aux tentations c'est souffrir une espèce de martyre pour la foi, pour la charité, pour la justice, pour la Religion. C'est sacrifier son corps et son âme, son cœur, son esprit et toutes ses passions à la gloire de Dieu, qui est le spectateur de vos combats, et qui est prêt de couronner votre patience. C'est pratiquer les actes de toutes les vertus de la manière la plus noble et la plus héroïque ; la foi dans les ténèbres, l'espérance dans l'abandon, la charité dans le dégoût, la pauvreté dans le dépouillement, la patience dans les souffrances : voilà ce que vous faites : et vous appelez cela ne rien faire !

3.

Une âme, comme j'ai dit, ne mérite presque rien dans la consolation, elle ne peut s'assurer qu'elle produise un seul acte de vertu surnaturelle : car on appelle surnaturel ce qui surpasse tous les efforts et tout le mérite de la nature ; l'homme naturellement ne peut croire que ce qu'il entend, ni espérer que ce qui lui est possible, ni aimer que ce qui lui plaît. Ainsi la foi est surnaturelle, quand il croit ce qu'il n'entend pas ; son espérance surnaturelle, quand il attend ce qu'il ne peut pas ; sa charité surnaturelle, quand il aime pour Dieu ce qui ne lui plaît pas. Croire dans l'obscurité, espérer dans l'infirmité, aimer dans le dégoût, ce sont des actes de vertu qui surpassent tous les efforts de la nature, et qui ne s'appuient qu'en Dieu seul.

Et voilà ce que fait une âme qui demeure fidèle et tranquille dans ces états de peines et de privations ; elle croit un Dieu présent qu'elle ne voit point ; elle espère en lui contre toute espérance ; elle s'abandonne à lui, lorsqu'il semble qu'elle en est abandonnée ; elle l'aime dans le dégoût, dans le chagrin, dans l'amertume ; elle se conforme à ses volontés sévères et crucifiantes ; elle souffre un martyre d'amour ; elle s'humilie dans la connaissance de ses misères ; elle se contente de sa pauvreté, et bénit Dieu comme Job sur un fumier, se voyant dépouillée de tous ses biens spirituels, couverte de plaies et d'ulcères, et persécutée par les démons qui la veulent jeter dans le murmure et dans l'impatience.

Oh ! si une âme savait l'honneur qu'elle rend à Dieu dans une oraison de patience ! oh ! si elle connaissait les trésors de mérite qu'elle amasse à tous moments, elle ne voudrait jamais changer d'état. Ce n'est pas qu'il faille rejeter la consolation quand Dieu la donne ; c'est une rosée du paradis qui est nécessaire aux âmes tendres et qui ne sont pas encore enracinées dans la vertu, mais il ne s'y faut pas attacher. Les grandes âmes n'établissent pas leur paix sur ces menues douceurs, mais sur l'ordre et sur la disposition de Dieu, dont la volonté fait leur bonheur et leur unique consolation : leur vie est une vie d'esprit et de grâce élevée au-dessus des sens et de la nature.

Or qu'y a-t-il de plus naturel que de croire ce qu'on voit ? que d'espérer ce qu'on touche ? que d'aimer ce qui plaît ? Y a-t-il homme sur la terre qui ne crût Dieu présent, s'il le sentait opérer dans son cœur ? qui n'espérât en Dieu, s'il en était caressé ? qui n'aimât Dieu, s'il en était incessamment consolé ? Ce n'est donc pas dans les lumières qu'on pratique une foi surnaturelle, mais dans les ténèbres. Ce n'est pas lorsque Dieu nous flatte que l'espérance est divine, mais lorsqu'il nous afflige. Ce n'est pas dans la consolation qu'on aime Dieu purement, mais dans la désolation. Oui, croyez-moi, jamais vous ne faites plus que lorsque vous ne croyez rien faire, jamais vous ne méritez plus que lorsque vous croyez ne rien mériter; d'autant que c'est dans ces états de peine et d'aridité, qu'on produit, comme j'ai fait voir, des actes d'une foi divine, d'une espérance surnaturelle, d'une charité pure, d'une mortification générale, d'une humilité chrétienne, d'une obéissance aveugle, et d'une patience héroïque. C'est alors que l'homme honore Dieu de sa substance, et qu'il lui fait un sacrifice de toutes ses passions. Eh! pourquoi donc se troubler? pourquoi perdre courage? pourquoi quitter l'oraison?

Vous ne pouvez, dites-vous, penser à Dieu? hé bien, contentez-vous de l'aimer, conformez votre volonté à la sienne, et acceptez cet état de peine où il vous a mis. Votre esprit vous quitte; il n'y a pas grand mal, pourvu que vous conserviez votre cœur et que vous l'empêchiez de courir après lui. Hélas, je n'ai point de consolation! quoi? est-ce pour cela que vous allez à l'oraison? méritez-vous que Dieu vous console, vous qui l'avez tant offensé et qui mériteriez d'être en enfer? mais quelle plus grande consolation que de faire la volonté de Dieu? que d'être en sa présence? que de lui témoigner son amour et sa fidélité? que de souffrir pour lui une espèce de martyre? Je suis toujours distrait; si c'est volontairement, vous l'offensez; si c'est contre votre volonté, vous l'honorez, vous lui plaisez, vous l'aimez : car tout plaît à Dieu, hormis le péché, et il n'y en peut avoir où il n'y a point de volonté. Une oraison de souffrance vaut mieux qu'une oraison de plaisir; c'est un parfum odoriférant qui s'élève au Ciel et qui embaume le Paradis. Retenez bien ce petit mot de saint Augustin. « Vous » plaisez à Dieu, si Dieu vous plaît ; il est con- » tent de vous, si vous êtes content de lui. »

Oh ! dites-vous, je suis content de Dieu, mais je ne suis pas content de moi-même : à qui tient-il que vous ne vous procuriez ce contentement? quel plaisir prenez-vous à être misérable? On vous dit que Dieu est satisfait de vous, pourvu que vous soyez satisfait de lui, et vous ne faites que vous plaindre et que murmurer? Ce n'est pas contre vous que vous murmurez, mais contre Dieu, de ce qu'il vous laisse sans consolation, et qu'il ne vous traite pas, ce vous semble, selon vos mérites.

Au reste, je ne vois pas quel sujet vous avez

d'être mécontent de vous-même, puisque vous faites tout ce que vous pouvez. Il s'en faut bien, me direz-vous, et voilà ma peine; il me semble que je ne fais pas tout ce que je puis. Vous prenez plaisir à vous tourmenter. Dites-moi, pouvez-vous à présent faire plus que vous ne faites? Si vous le pouvez, que ne le faites-vous? Si vous ne le pouvez pas, pourquoi vous troublez-vous?

La jouissance de Dieu fait le bonheur du Ciel et de la terre; mais il y a cette différence, que la jouissance du Ciel est voluptueuse, et celle de la terre est douloureuse : nous embrasserons là-haut un Dieu de plaisir, et nous embrassons ici-bas un Dieu de douleur. Les unions de cette vie doivent ressembler à celle qu'avait l'humanité sainte avec le Verbe : elle était bienheureuse selon la partie supérieure, et misérable selon l'inférieure, si quelque goutte de consolation tombait sur l'appétit, elle tarissait en un moment; son pauvre cœur nageait continuellement dans une mer d'amertume, parce qu'il venait satisfaire par la peine au plaisir que les hommes prennent à pécher.

Voilà l'état où sont les âmes saintes en cette vie: rien de plus content selon l'esprit, rien de plus affligé selon les sens. Il est vrai que de temps en temps Dieu leur fait sentir des douceurs que l'œil n'a point vues, ni l'oreille entendues, ni le cœur humain conçues, mais cela ne dure pas longtemps, d'autant que cette vie est un temps de mérite. Le royaume de Dieu, dit saint Paul, ne consiste pas en ces douceurs sensibles, mais en la paix et en la joie du Saint-Esprit, qui repose doucement dans un cœur : ainsi quoique vous soyez distrait d'esprit, pourvu que vous ne le soyez point de cœur, il n'y a rien à craindre. Votre mal est que vous confondez ces deux sortes de distractions, et que vous ne distinguez pas deux sortes d'unions, l'une de l'esprit et l'autre du cœur : persuadez-vous donc que vous pouvez être uni intimement à Dieu de cœur, quoique vous ne le soyez pas d'esprit, et que toutes les distractions involontaires ne sauraient vous distraire et vous séparer de son amour.

Je sais bien cela, me dira quelque bonne âme, et cependant je ne suis point contente, je sens un fond de chagrin dans mon cœur qui rend toute mon oraison pleine d'amertume ; d'où peut venir cela ? Il n'est pas mal aisé d'en découvrir la cause, c'est que vous n'allez pas seule à l'oraison, vous y menez votre propre volonté avec vous. Vous voulez avoir de l'attention, vous ne voulez point avoir de distractions ; vous voulez sentir de la chaleur, vous ne voulez point sentir de froideur ; vous voulez être dans les lumières, vous ne voulez point être dans les ténèbres ; vous voulez et vous ne voulez pas ; vous ne trouvez pas ce que vous voulez, vous trouvez ce que vous ne voulez pas : quelle merveille si vous êtes troublée ? Otez cette propre volonté et vous n'aurez plus de chagrin, purifiez votre intention avant que d'entrer en l'oraison, ne cherchez pas votre satisfaction, mais celle de Dieu ; acceptez tous les états où il lui plaira vous mettre, et persuadez-vous que tous les états sont bons où il n'y a point de péchés ; que Dieu est partout où vous ne vous trouvez point vous-même, qu'il remplit votre cœur à mesure qu'il se vide, qu'étant esprit il veut être adoré en esprit ; que les unions sensibles sont dangereuses ; que la fécondité suit la stérilité ; qu'après la nuit viendra le jour, et que de toutes les oraisons que vous puissiez faire, la meilleure est de faire mourir vos désirs, et de mortifier vos passions : voilà le moyen de calmer votre âme et de dissiper le chagrin qui la possède ; mais parce que toutes les distractions ne viennent pas des mêmes causes, il y faut apporter d'autres remèdes.

CHAPITRE VIII.

—

Tout le monde se plaint des distractions, et peu de gens y veulent apporter remède; on en aime la cause, et on en hait l'effet : on veut être recueilli pendant l'oraison et dissipé hors de l'oraison, n'est-ce pas vouloir l'impossible?

Nous avons dit que les désolations viennent de trois principes : de Dieu, de l'homme, et du démon. Quand elles viennent de Dieu, il les faut souffrir; quand elles viennent du démon, il les faut repousser; quand elles viennent de l'homme, il y faut remédier,

Il y a deux sortes de remèdes : les uns qui précèdent la prière, les autres qui l'accompagnent; les remèdes qui précèdent, sont en grand nombre, entr'autres le recueillement d'esprit, la pureté du cœur, la mortification des sens, la victoire des passions, la fuite des compagnies, le détachement de tous les biens, honneurs et plaisirs créés, le silence intérieur et l'anéantissement de tous les désirs.

« Chose étonnante! dit saint Grégoire pape, nous voulons arriver à la contemplation, nous qui n'avons aucune mortification; nous sommes pleins de nous-mêmes, et nous voulons être remplis de Dieu; nous n'avons aucun soin, ni de notre corps, ni de notre cœur; nous donnons à nos sens toutes les satisfactions qu'ils désirent; nous regardons les choses curieuses, nous en entendons une infinité de vaines; nous passons le temps en des discours inutiles, nous sommes tous les jours hors de nous-mêmes, et nous pensons en un moment rentrer dans nous-mêmes; cela est impossible. »

Pour être paisible chez soi, il faut se tenir sur ses gardes, et veiller continuellement sur les mouvements de son cœur : et parce qu'il y a peu de gens qui soient morts à tous leurs désirs, il arrive que la plupart sont en l'oraison comme un vaisseau sur mer, battu de vents, et poussé de toutes parts par la tempête. Cependant ils ne doivent pas quitter l'oraison, en ayant plus de besoin que ceux qui reposent doucement au port.

Mais que faut-il faire, direz vous, pour chasser ces pensées importunes? Je réponds qu'il faut d'abord se mettre en la présence de Dieu, et en renouveler le souvenir de temps en temps. Secondement il faut, allant à l'oraison, vider son esprit de toutes sortes d'affaires qui le peuvent occuper, et concevoir un grand désir de traiter avec Dieu; ensuite il faut s'appliquer à son sujet, et se proposer la vérité qu'on doit méditer.

Je le fais, dites-vous, et cependant je ne gagne rien sur mon esprit; il ne peut demeurer un moment devant Dieu, c'est un libertin qui s'échappe aussitôt, et qui ne revient qu'après un temps considérable : voilà ce qui me dégoûte de l'oraison, et ce qui me fait croire que je n'y suis point propre.

Cette plainte est commune à beaucoup de gens. Pour remédier à ce mal, il faut trouver le moyen d'occuper notre esprit et d'échauffer notre cœur dans ce temps de dissipation, de froideur et de sécheresse.

CHAPITRE IX.

PREMIER ENTRETIEN DE DÉVOTION.

La parfaite oraison ne consiste pas à beaucoup penser, mais à beaucoup aimer, et l'on peut dire en général que l'action ne vaut pas la souffrance. Il y a une espèce de contemplation où l'âme pâtit les choses divines ; souffrir en l'oraison les égarements de son esprit, les dégoûts et les abattements de son cœur, les sottises de son imagination, les tentations importunes du démon, c'est pâtir les choses divines ; c'est une espèce de contemplation qui n'est pas au goût de la nature, mais qui est de grand mérite, et qui rend beaucoup d'honneur à Dieu.

Mais outre cet exercice de patience, il y a d'excellentes pratiques qui nous feront passer doucement et fructueusement le temps de la prière, s'il arrive que notre esprit ne puisse s'appliquer à son sujet.

Le premier entretien de dévotion consiste

en une manière d'oraison, partie mentale, partie vocale, qui nous a été enseignée par saint Ignace en ses exercices, et sainte Térèse confesse qu'elle s'en est servie longtemps. Il faut réciter lentement l'Oraison dominicale, et s'arrêter à chaque parole pour en tirer le suc, le miel et l'esprit. ;

Ainsi quand vous aurez dit : *Notre Père*, arrêtez-vous un peu de temps et savourez ce nom si tendre et si affectueux. Faites un acte de foi que Dieu est votre père. Considérez par combien de titres vous êtes son enfant, à savoir par la création, par la conservation, par la rédemption, et par la justification. Dites ensuite à votre âme : Mon âme, si Dieu est ton père, pourquoi est-ce que tu ne l'aimes point? d'où vient que tu ne lui obéis point? si Dieu est ton père, que n'espères-tu en lui? que ne lui demandes-tu tes nécessités? Dieu est ton père, et tu crains de mourir de faim? il a donné son sang pour toi, et tu crois qu'il te refusera un morceau de pain? *O mon Dieu et mon père*, j'espère en vous ! ô le meilleur de tous les pères, que vous avez un mauvais enfant ! Oh ! que je suis marri de vous avoir offensé, persécuté, deshonoré, comme j'ai fait depuis que je suis au monde ! Mon père, j'ai péché, et je ne suis pas digne de porter la qualité de votre enfant, mais permettez-moi de prendre celle de votre serviteur ! Oh ! jamais je ne vous offenserai, et je veux désormais vous aimer.

Si cette seule parole vous occupe, il ne faut point passer outre. Quand vous en aurez sucé le miel, passez à la suivante, *qui êtes aux cieux*, et considérez combien Dieu est grand et puissant, puisqu'il demeure dans un si beau palais, que c'est là-haut qu'est votre héritage, qu'ainsi vous ne devez point vous attacher à la terre. Fouillez dans ce champ évangélique, et vous y trouverez le trésor de la grâce qui vous enrichira, et la source d'eau vive qui vous désaltérera.

Après le *Pater*, vous pouvez passer à l'*Ave*, au *Credo*, ou à quelque psaume, que vous réciterez et examinerez de la même manière ; vous pouvez aussi réciter les litanies du saint nom de Jésus, et vous arrêter à tous les titres qu'on donne au Fils de Dieu, produisant des actes de foi, d'espérance, d'amour, de contrition, de remercîment et autres semblables. Par exemple, quand vous direz : Jésus *Dieu de paix, ayez pitié de moi*, arrêtez-vous un peu de temps, et considérez que Jésus est un Dieu de paix, que c'est lui seul qui la peut donner à votre cœur. « Eh ! pourquoi donc, direz-vous, mon » âme, cherches-tu ta paix dans les créatures ? ô » Dieu de paix, pacifiez mon pauvre cœur ; car » il est souvent troublé et inquiété ! Oh ! quand

» sera-ce que je me reposerai dans votre cœur
» qui est le centre de ma paix ! O doux Jésus !
» donnez-moi votre paix, votre amour et votre
» bénédiction, parlez et commandez à la mer
» de se taire, apaisez cette tempête qui trouble
» votre repos et le mien. O mon âme ! n'aime
» que Jésus, puisqu'il n'y a que lui qui te
» puisse donner la paix et contenter tes dé-
» sirs. »

Cette manière d'oraison vous peut mener bien loin, et peut encore servir après la communion pour s'exciter à la dévotion. Il n'est pas possible qu'entre tant de belles qualités qu'on donne au Fils de Dieu, il n'y en ait quelqu'une qui vous touche le cœur, et qui soit conforme à la disposition où vous êtes. Quand vous l'aurez trouvée, arrêtez-y votre esprit, comme une abeille sur une fleur, et ne la quittez point que vous n'en ayez tiré le miel de la dévotion.

Vous pourrez encore lire avec respect et attention les paroles d'amour tirées de l'Ecriture sainte et du livre de l'Imitation de Jésus-Christ, que vous trouverez à la fin de nos petites méditations : il y en aura sans doute qui vous toucheront le cœur, et qui vous donneront de la dévotion, soit pendant l'oraison, soit après la communion.

CHAPITRE X.

SECOND ENTRETIEN DE DÉVOTION.

Comme la fin de l'oraison est la réformation des mœurs, celle-là doit passer pour la meilleure qui nous donne plus d'horreur de nos péchés, et plus d'envie de les corriger. Il me semble qu'on peut comparer l'oraison à un oranger qui porte des feuilles, des fleurs et des fruits : il y en a qui s'amusent à cueillir des feuilles, d'autres font des bouquets de ses fleurs ; les plus sages sont ceux qui s'attachent au fruit, et qui le mangent avec plaisir.

Or le fruit de l'oraison consiste principalement en la connaissance de ses défauts, et en la résolution de les corriger : ainsi c'est bien méditer que de se bien examiner. Saint Ignace nous a encore enseigné cette seconde manière d'oraison. Il veut que ceux qui n'ont pas encore l'usage de la méditation, et qui veulent changer de vie, s'examinent sur les commandements de Dieu et de l'Eglise, s'arrêtant quelque temps sur chacun en particulier, et considérant ce qu'il ordonne, combien il est juste, utile, facile, raisonnable. Ensuite examiner si on le garde ou non, et voyant le mépris qu'on en a fait, produire des actes de douleur pour le passé, et des résolutions de les mieux garder pour l'avenir.

On peut faire le même examen sur les sept péchés capitaux ; en en considérant la malice et concevant un grand regret d'avoir offensé Dieu.

Ceux qui ont coutume de faire oraison peuvent très-utilement se servir de ce remède : lorsqu'ils se trouvent dans la sécheresse et la désolation, qu'ils s'occupent à considérer leurs propres péchés, surtout le vice qui domine en eux ; qu'ils en recherchent les causes et les mauvais effets, qu'ils en conçoivent de l'horreur, qu'ils en marquent les remèdes ; et s'ils sortent résolus de travailler à leur guérison, qu'ils se persuadent qu'ils ont fait une excellente oraison.

Il y en a d'autres qui trouvent beaucoup de profit et de consolation à songer aux grâces que Dieu leur a faites, et aux dangers dont il les a délivrés. Ceux qui sont bien avancés en l'oraison peuvent se servir de cette considération pour s'exciter à l'amour de Dieu et à la douleur de leurs péchés, opposant à tous les bienfaits qu'ils ont reçus de lui leurs lâchetés, leurs trahisons, leurs infidélités et leurs ingratitudes; voilà bien de quoi passer une demi-heure de temps.

CHAPITRE XI.

L'âme se trouve quelquefois en certains états où il n'y a rien qui la puisse consoler ; tout lui déplaît et l'afflige ; elle est, comme parle Job, suspendue entre le ciel et la terre, sans tirer aucune consolation ni de l'un ni de l'autre. Saint Bernard le savait par sa propre expérience, il nous a fait une admirable peinture de sa misère, qui doit consoler tous les misérables.

Mais ce qui est plus fâcheux, c'est que les tentations sont souvent si violentes dans ce temps de ténèbres et d'obscurité, que l'âme ne saurait dire si elle y consent ou non, et c'est ce qui fait son tourment : « Je ne me soucierais pas, dit-elle, de toutes ces peines, si j'étais assurée que je n'y consens point ; mais il me semble que je dis tout ce que je pense, et que je consens à tout ce que je sens. »

Il y a deux remèdes à ce mal, l'un est de

soumettre son jugement à celui de son direc-
teur, de craindre tout ce qu'il craint, et de
mépriser tout ce qu'il méprise. Il n'y a rien
d'assuré dans l'affaire du salut, que la soumission et l'obéissance.

L'autre est d'avoir quelque signe extérieur
qui vous fasse connaître que vous consentez
au bien, et que vous ne consentez point au
mal. Ainsi quelques-uns se voyant extraor-
dinairement tentés, ou dans l'impuissance de
produire aucun acte en leur oraison, prennent
un crucifix en main, et disent à Dieu. « Mon
» Dieu, je déclare devant le ciel et la terre,
» que je veux vous adorer autant de fois que
» je baiserai ce crucifix, vous aimer autant de
» fois que je l'approcherai de mon cœur. Je
» veux produire autant d'actes d'humilité que
» je baisserai la tête, autant d'actes de contri-
» tion que je frapperai ma poitrine, autant
» d'actes de conformité que je leverai les yeux
» au ciel. Quand je prononcerai le saint nom
» de Jésus, c'est une protestation que je fais
» que je renonce à toutes les suggestions de
» Satan, et que je déteste tout ce qui vous
» peut déplaire. »

Dieu, comme vous savez, n'a pas besoin de
ces signes extérieurs pour entendre le langage
de notre cœur ; il sait, sans que nous lui di-

sions, ce que nous voulons et ce que nous ne voulons pas; ainsi cela ne sert que pour assurer les âmes timides et pour calmer leur esprit. Car comme le corps ne fait rien que par le mouvement de l'âme, ces actes extérieurs doivent nécessairement procéder du cœur, quoiqu'il semble qu'il n'y ait point de part. Et comme Dieu se contente de nos bons désirs, vous aurez le mérite des actes que vous ne sauriez produire, et vous passerez le temps fort utilement.

D'autres font leur oraison d'une autre manière; ils prient de désir, ne pouvant, ce leur semble, prier d'effet. Quand ils se voient toujours distraits sans pouvoir se recueillir, toujours froids sans pouvoir s'échauffer, toujours secs sans pouvoir rien produire, ils élèvent leur esprit au ciel, et disent : « Mon Dieu, que je » voudrais bien faire pour vous davantage que » je ne fais : oh ! que je désirerais vous aimer de » tout mon cœur ; oh ! que ne puis-je vous louer » et vous honorer comme les saints du paradis ! » oh ! si je pouvais faire oraison, comme tant de » bons religieux, qui sont maintenant en prière ! » Mon Dieu, je ne suis pas digne de manger » avec eux, mais permettez-moi de recueillir » les miettes qui tombent de leur table ; oh ! que » je voudrais bien prier avec autant de ferveur

» et d'attention qu'eux ! je vous offre leur orai-
» son, et celle que votre Fils bien-aimé a faite
» sur la terre au défaut de la mienne. »

Voilà une oraison qui est excellente et de grand mérite : c'est comme faisait ce bon paysan qui accompagnait saint Ignace et ses compagnons ; lorsqu'il les voyait, arrivant en une hôtellerie, se mettre à genoux pour prier Dieu, il s'y mettait comme eux, et disait : « Mon » Dieu, je désire faire ce que font ces saints et » vous prier comme ils vous prient. » Ce bon homme par son humilité mérita de Dieu un grand don d'oraison.

CHAPITRE XII.

Vous me direz sans doute que ces désirs seront bientôt passés, et que vous ne savez ce que vous ferez le reste du temps. Oh! qu'il y a bien moyen encore de vous entretenir et avec beaucoup de mérite!

Faites ce que fit le Fils de Dieu dans le jardin des Olives. Il passa plusieurs heures à dire et à répéter ces paroles : « Mon père, que votre » volonté soit faite, et non pas la mienne. » Vous n'estimerez pas une oraison indigne de vous, qui a été digne d'un Dieu, et qui a été consacrée par son cœur et par sa bouche. C'est une oraison d'union, et vous n'en sauriez faire de plus parfaite.

Rappelez donc en votre esprit tout ce qui vous afflige et qui vous donne de la peine, et dites avec un profond respect à Dieu : « Mon Sei-
» gneur, voilà un calice de désolation et d'en-
» nui que je bois à présent qui me semble bien

» amer; je vous prie, s'il est possible, de l'éloi-
» gner de ma bouche : toutefois que votre vo-
» lonté soit faite, et non pas la mienne. »

« Mon Dieu, voilà un calice de douleur et de
» confusion qui m'est présenté, sa vue me fait
» suer le sang et l'eau; je vous prie de me
» dispenser de le boire : toutefois que votre vo-
» lonté soit faite, et non pas la mienne.»

« Mon père et mon Dieu, je suis menacé
» d'une grande maladie, ma pauvre chair trem-
» ble et frémit d'horreur ; s'il est possible, que
» ce calice passe de ma bouche : toutefois que
» votre volonté soit faite, et non pas la mienne.

Parcourez ainsi toutes les autres choses qui
vous mortifient, ou qui vous peuvent mortifier, et malgré toutes les répugnances des sens,
conformez-vous à la volonté de Dieu ; je ne sais
si vous pouvez faire de meilleure oraison que
celle-là.

CHAPITRE XIII.

———

Si vous ne pouvez pas vous entretenir avec Dieu, vous pouvez vous entretenir avec toutes les créatures, les invitant à le louer et à le bénir avec vous; ce ne sera pas une distraction, mais une occupation sainte qui fait le sujet de nos plus beaux cantiques.

» Ça, direz-vous, que toutes les œuvres du » Seigneur le louent, le bénissent et le glori- » fient. Anges du paradis, louez et bénissez » Dieu; hommes de la terre, chantez les louan- » ges de votre Seigneur, et aimez-le de tout » votre cœur, etc. »

Allez ainsi parcourant tout l'univers; et invitez toutes les créatures animées et inanimées à bénir Dieu comme les trois enfants dans la fournaise de Babylone. Entrez vous-même dans ce concert d'amour, et honorez Dieu du mieux que vous pourrez par votre humilité et par votre

patience; bénissez toutes ses perfections infinies, sa bonté, sa beauté, sa sagesse, sa puissance, sa miséricorde, sa justice, sa douceur,
sa patience, sa grandeur, sa majesté, sa libéra-
lité, sa magnificence, etc., et les ayant rangées
en votre mémoire, adorez-les toutes les unes
après les autres, et leur faites un sacrifice de
votre cœur, disant : « O mon Dieu, que vous
» êtes aimable ! » puis arrêtez-vous : « oh que
» vous êtes beau ! oh que vous êtes bon : » savourez ces paroles : « oh que vous êtes grand ! oh
» que vous êtes puissant ! Mon âme, bénis ton
» Seigneur, et que tout ce qui est dans moi
» adore son saint nom : c'est lui qui te par-
» donne tous tes péchés ; c'est lui qui guérit
» toutes tes maladies ; c'est lui qui t'a tirée du
» sein de la mort ; c'est lui qui te couronne de
» ses bontés et de ses miséricordes, et qui re-
» nouvelle ta jeunesse comme celle de l'aigle,
» lorsque tu as perdu tes forces. »

Vous pouvez ainsi parcourir toutes les autres
perfections de Dieu, et vous arrêter à celle qui
fait plus d'impression sur votre cœur.

Mais la plus belle et la plus douce oraison
d'une âme abattue et affligée, est de s'en aller
d'esprit dans tous les lieux où Jésus-Christ a
été, et de le remercier de tous les maux qu'il a
soufferts pour nous.

Entrez dans l'étable de Bethléem, et l'adorez avec les bergers; admirez son humilité, aimez sa douceur, espérez en sa bonté, tenez-vous auprès de la crèche; et si vous ne sauriez avoir une bonne pensée, souvenez vous que les animaux l'ont honoré de la manière qu'ils ont pu. Chantez le beau cantique des anges, donnez la gloire à Dieu, et demandez la paix pour vous.

Du mystère de la naissance passez à l'adoration des rois, allez au temple l'offrir à Dieu avec la sainte Vierge; fuyez avec lui en Egypte, enfermez-vous avec lui dans sa pauvre maison de Nazareth, et voyez ce qu'il y fait; ensuite considérez-le jeûnant dans le désert, prêchant dans la Judée, marchant sur les eaux, guérissant les malades, ressuscitant les morts. Mais surtout, suivez-le dans toutes les stations de ses souffrances, depuis le jardin des Olives jusqu'à la montagne du Calvaire; remerciez-le de tant de tourments qu'il a soufferts pour vous; écoutez le reproche qu'il fit à ses disciples endormis: « Quoi donc, vous me laissez sans consolation, » et vous ne sauriez veiller une heure avec moi! » Veillez et priez, de peur que vous n'entriez en » tentation. » Mon Dieu, qu'une âme souffrante trouve de douceur à parcourir ces mystères de douleur !

CHAPITRE XIV.

SIXIÈME ENTRETIEN DE DÉVOTION.

———

C'est une belle science que celle de savoir aimer Dieu. Il y a bien des gens qui ne sauraient méditer, mais y en a-t-il qui ne puissent soupirer? Le soupir est une voix d'amour, qu'on peut appeler la plus belle, la plus forte et la plus éloquente de toutes les prières. C'est comme prient les âmes qui sont blessées de l'amour de Dieu, et qui tendent à l'union; elles ne sauraient plus parler, elles ne font que soupirer. « Filles de Jérusalem, disent-elles dans » leur douleur, soutenez-moi de fleurs, envi-» ronnez-moi de fruits, parce que je languis » d'amour. » Voilà tout le discours qu'elles peuvent faire, puis elles demeurent dans le silence, et ne parlent plus que du cœur, soupirant en respirant, et respirant en soupirant.

Or, quoique cette oraison ¦soit la dernière disposition pour arriver à l'union, et l'occupation de ceux qui ne sauraient plus méditer, cependant tout le monde s'en peut servir, et pendant l'oraison, et après l'oraison : c'est ce que nous appelons oraisons jaculatoires , qui sont autant de traits amoureux qui s'élancent du cœur de l'homme, et qui vont percer le cœur de Dieu.

Cette oraison se fait sans art et sans méthode, c'est l'amour qui l'enseigne ; il ne faut point faire de violence à son cœur, mais le laisser en la liberté de dire à Dieu tout ce qu'il lui plaira. Le langage de l'amour est barbare à celui qui n'aime point, dit saint Bernard ; mais c'est là le langage qui se parle à la cour du Ciel où règne la charité.

Les actes imprévus sont toujours les meilleurs, ce qui n'empêche pas qu'on ne puisse pendant son oraison s'en proposer quelques-uns ; surtout ils sont de saison, lorsque l'âme est dans de grandes sécheresses, qu'elle est tourmentée de distractions, et qu'elle ne trouve rien qui la puisse occuper : c'est alors qu'elle doit se divertir à aimer. Ces aspirations doivent être courtes, principalement quand elles pro cèdent d'un cœur navré d'amour.

« O mon Dieu ! ô mon tout ! quand serez-
» vous tout à moi ? quand serai-je tout à
» vous ?

» O le Dieu de mon âme, que je suis heureux

» d'être à vous ! O ma gloire ! ô ma vie ! que ne
» vous puis-je aimer autant que vous êtes ai-
» mable !

» Filles de Jérusalem, dites à mon bien-aimé
» que je languis d'amour.

» Mon Dieu, mon Dieu, pourquoi m'avez-
» vous délaissé ? ah ! je ne le dois point deman-
» der, je l'ai bien mérité !

» Mon cœur est prêt, mon Dieu, mon cœur
» est prêt à tout ; que votre volonté soit faite et
» non pas la mienne.

» O doux Jésus, regardez-moi d'un œil de
» miséricorde, et bénissez-moi.

» O amour des amours, donnez-moi votre
» saint amour.

» Oh ! faut-il que je vous aie offensé, Dieu de
» mon cœur, et père de ma vie !

» Oh ! quand sera-ce que je vous aimerai, que
» je vous serai uni, que je vous posséderai ? »

On peut produire une infinité d'aspirations
semblables, suivant la disposition où l'on se
trouve ; et bien que dans la désolation on ne les
goûte point, cela n'empêche pas qu'elles ne
soient au goût de Dieu.

CHAPITRE XV.

Il le faut dire encore, la fin de l'oraison n'est pas de méditer, mais d'aimer. Les affections valent mieux que les raisonnements, parce qu'elles détachent le cœur des créatures, et l'unissent à Dieu. Il y a toujours du mérite à aimer, il n'y en a pas toujours à méditer. La méditation est un moyen pour exciter l'affection ; quand on a la fin, les moyens ne sont plus nécessaires. Si vous pouvez aimer, je vous dispense de méditer. C'est la disposition où se trouvent les âmes qui ont longtemps combattu leurs passions, qui sont persuadées de toutes les vérités chrétiennes, et qui ont fait beaucoup de progrès en la vertu ; celles-là, comme j'ai dit, n'ont plus rien à faire sinon à désirer et à soupirer, jusqu'à ce qu'elles trouvent la fin de leurs soupirs et de leurs désirs, dans la jouissance de leur bien-aimé : Il n'y a plus qu'un moment, oh ! qu'il est court ! oh ! qu'il est long !

Les personnes avancées doivent produire leurs affections sans art et sans méthode, laissant aller leur cœur aux impressions de l'amour, et aux mouvements du Saint-Esprit; mais ceux qui commencent et qui se trouvent dans l'impuissance de méditer, peuvent s'aider de quelques livres, où les actes de toutes les vertus soient formés, pour leur en faciliter l'usage. En voici quelques-uns qu'ils pourront étendre selon leur dévotion.

Acte de foi.

Mon Dieu, je crois que vous êtes mon père, mon créateur, et mon rédempteur, mon maître, mon pasteur, mon protecteur, mon époux. Je crois que vous êtes tout sage, tout bon, tout puissant, tout aimable. Je crois que vous gouvernez le monde avec une sagesse infinie, que rien n'arrive ici-bas que par les ordres et la permission de votre providence, que vous pensez à moi, que vous veillez sur moi, que vous avez de la charité pour moi, que vous m'aimez plus que je ne m'aime moi-même, et que vous faites tout ce que vous faites pour mon bien et pour mon plus grand bien. Je crois que vous êtes ma vie, mon bien, ma gloire, ma consolation, ma paix et ma félicité.

Acte d'espérance.

J'espère, mon Dieu, par votre infinie miséricorde, et par les mérites de votre Fils bienaimé, que vous me donnerez votre paradis, que vous me pardonnerez mes péchés, que vous m'assisterez de vos grâces, que vous ne m'abandonnerez ni à la vie, ni à la mort. J'espère que vous me délivrerez de cette tentation qui me travaille; que vous me donnerez cette vertu qui m'est nécessaire; que vous me tirerez de cette misère où je suis réduit; que vous m'aiderez à porter cette croix qui m'abat, et à vaincre cette difficulté qui m'empêche de vous servir.

Acte d'adoration.

O Dieu tout-puissant! ô mon Seigneur et mon souverain maître, je vous adore avec des respects infinis; je vous reconnais pour mon roi, et pour mon Dieu, dont je dépends essentiellement, et sans lequel je ne puis subsister un seul moment; ô Anges du ciel! adorez Dieu pour moi, venez l'adorer avec moi. O hommes de la terre, venez et vous prosternez devant le Seigneur, car c'est lui qui nous a faits, c'est lui qui nous conserve, c'est lui qui nous nourrit, c'est lui qui nous anime et qui nous donne la vie.

O sainte humanité de mon Sauveur! je vous bénis, et je vous adore! ô très sainte âme! ô chair très-pure! ô sang précieux! ô cœur de tous les cœurs! ô amour de tous les amours! ô temple de la grâce! ô sanctuaire de la divinité! je vous bénis et je vous adore. O sacrées plaies! imprimez-vous sur mon cœur! ô grands canaux de toutes les grâces, je vous baise, je vous adore, et je mets toute mon espérance en vous.

Acte de charité.

O mon Dieu, que je suis aise d'être votre serviteur, et de ce que vous êtes mon maître! Oh! que je suis ravi de ce que vous êtes si sage, si bon, si beau, si puissant, si généreux, si aimable. Oh! que je suis content de dépendre de vous, et de n'avoir point d'autre maître que vous!

Oh! je vous aime, mon Dieu, et je vous aime de tout mon cœur : vous le savez, mon cœur vous le dit : oh! que je désire vous aimer et être tout à fait à vous!

O bonté toujours ancienne et toujours nouvelle, je vous ai trop tôt offensée, je vous ai trop tard aimée!

Oh! si je pouvais vous faire connaître et vous

faire aimer de toutes les créatures ! ah ! si j'avais le cœur de tous les hommes et de tous les anges pour vous aimer ! Voilà le mien, mon Dieu et mon Sauveur, que je vous offre, et que je vous donne ; je vous prie de le tenir et de le sanctifier.

Je renonce à l'affection de toutes les créatures. Je garderai inviolablement tous vos commandements. Oh ! je vous aimerai, mon Dieu, ma force, mon refuge, ma protection, ma consolation et ma vie.

Si votre cœur s'attendrit et veut parler à Dieu, ne vous arrêtez point à ces paroles, mais laissez-lui dire tout ce qu'il voudra, et de la manière qu'il lui plaira.

Actes d'offrande.

En suite des actes d'amour, offrez à Dieu tout ce que vous avez et tout ce que vous possédez.

Je vous offre, mon Dieu, mon esprit, je le soumets à la foi de la sainte Église, et aux ordres de votre Providence. Je vous offre mon cœur avec toutes ses craintes et tous ses désirs, sans réserve et sans exception. Je vous offre mon âme avec toutes ses puissances. Je vous offre mon corps, ma santé, mes forces.

ma vie, etc., pour en disposer comme il vous plaira. Je vous offre mes biens, mes richesses, mon honneur, ma réputation, mes parents, mes amis, et tout ce que j'ai de plus cher.

Mon cœur est prêt, mon Dieu, mon cœur est prêt; il est prêt à être exalté, il est prêt à être humilié; il est prêt à recevoir la prospérité, il est prêt à tomber dans l'adversité; il est prêt à tout faire, il est prêt à tout endurer; il est prêt à vivre, il est prêt à mourir; il est prêt à tout ce que vous voudrez faire de lui dans le temps et dans l'éternité.

Actes de remerciement.

Ces actes ne sont pas difficiles à produire, et peuvent bien occuper une âme pendant l'oraison. Considérez tous les biens généraux et particuliers que Dieu vous a faits, et le remerciez de tous, les uns après les autres. Remerciez-le de toutes les grâces qu'il a faites à la sainte Vierge, à tous les saints du paradis, à l'Église triomphante, militante et souffrante. Invitez toutes les créatures à le remercier avec vous. Cette considération vous fournira bien de quoi vous entretenir.

Actes de contrition.

Que vous seriez heureux si, ne pouvant prier, vous pouviez pleurer! la casse est douce et la myrrhe est amère; nourrissez-vous de myrrhe, quand vous n'aurez point de douceurs. Dressez, comme David, un festin à votre âme, servez-lui tous ses crimes, rassasiez-la de ses ingratitudes et de ses iniquités, et l'enivrez de ses larmes ; dites du fond du cœur :

O mon Dieu ! qu'ai-je fait? en quel désordre suis-je tombé! à quel crime me suis-je abandonné? Quoi donc ! est-ce pour vous offenser que vous m'avez mis au monde? est-ce là le service que vous attendiez de moi, et le remerciement de tant de biens que vous m'avez faits ?

O cœur ingrat et infidèle! offenser un Dieu qui t'a fait tant de bien, et qui t'a aimé de toute éternité! un Dieu si bon, un Dieu si aimable ! un Dieu qui est mort pour toi ! un Dieu qui s'est fait pauvre pour t'enrichir, et misérable pour te rendre bien heureux ! Oh ! qui versera sur ma tête un déluge d'eaux, et qui tirera de mes yeux deux torrents de larmes pour pleurer nuit et jour mes iniquités?

O mon Sauveur et mon Rédempteur, à quoi

songiez-vous de monter sur une croix pour un démon comme moi, et de mourir pour un scélérat qui devait vous faire mourir une infinité de fois? Hélas! vous avez versé tout votre sang pour moi, et je ne saurais verser une seule larme pour vous.

Oh! je ne saurais plus vivre ingrat! je déteste toutes mes trahisons et mes infidélités passées. O Dieu de bonté, pardonnez à votre pauvre serviteur. Je propose, avec votre sainte grâce, de mieux vivre désormais, et de ne jamais plus vous offenser, mais de garder inviolablement vos commandements. Oh! je l'ai juré, je n'y manquerai jamais.

Outre vos propres péchés, vous pouvez demander pardon pour ceux qui se commettent par toute la terre; désirez avoir de la douleur si vous n'en avez point, et frappez votre cœur dur et méchant pour marque que vous en avez, ou que vous en désirez avoir : humiliez-vous, si vous ne pouvez ni prier ni pleurer, sachant ce que dit David, que Dieu ne méprise jamais un cœur contrit et humilié.

Actes de conformité.

Les actes les plus nobles et les plus profitables que vous puissiez produire en vos afflictions sont ceux de conformité à la volonté de Dieu; nous en avons marqué quelques-uns aux chapitres précédents : mettez-vous devant les yeux tout ce qui vous fait de la peine, faites une procession autour de vos croix, mettez-vous à genoux devant chacune en particulier; baisez-la, embrassez-la, étendez vos bras pour y être cloué, et dites avec saint André : O bonne croix qui avez été consacrée par le corps de mon Maître, je vous adore, je vous reçois, je vous baise, je vous embrasse; recevez-moi entre vos bras, et serrez-moi si fortement que jamais rien ne me sépare de vous.

Acte de demande.

C'est ici une oraison qu'on n'a que faire d'enseigner aux misérables. Considérez toutes vos nécessités, et les représentez à Dieu ; demandez-lui tout ce qui vous manque, employez l'intercession de la sainte Vierge et des Saints. Comme vos misères sont infinies, si vous les représentez toutes à Dieu, votre oraison n'aura point de fin.

CHAPITRE XVI.

Quoique les pratiques que nous avons enseignées aux chapitres précédents, soient capables d'occuper l'esprit le plus distrait et d'échauffer le cœur le plus tiède ; toutefois, parce que l'âme se trouve quelquefois en des états où elle ne saurait ni penser ni parler à Dieu, mais sent un dégoût et une aversion prodigieuse de tous les exercices de piété ; le dernier avis que je lui donne est de faire alors un exercice d'humilité et de patience.

L'oraison des humbles est si puissante auprès de Dieu, qu'on peut dire qu'il n'y saurait résister. Achab était un méchant prince, dès lors qu'il se fut humilié, Dieu fut comme obligé de mettre bas les armes, et de déclarer au prophète qui l'incitait à le punir, que cela n'était pas en sa puissance, parce qu'il s'était humilié : mais quand la patience se joint à l'humilité, il n'y a point de colère qu'elle n'apaise, point de fléau qu'elle ne détourne, point de grâce qu'elle n'obtienne, point de puissance qu'elle ne désarme, point de force et de consolation qu'elle ne mérite.

Oh! quel cri jette au ciel une âme humble et patiente! oh! quel combat elle livre à la bonté et à la miséricorde de Dieu! « Béni soit, dit » saint Paul, Dieu le père de notre Seigneur » Jésus-Christ; père de miséricordes, et Dieu de » toutes consolations, qui nous console en tou- » tes nos tribulations. » Remarquez toutes les paroles de l'Apôtre, dit saint Bernard; Dieu n'est pas un père de quelque miséricorde, mais de plusieurs miséricordes ; ce n'est pas un Dieu de quelque consolation, mais de toutes consolations : il nous console non-seulement en quelque tribulation, mais en toutes nos tribulations ; c'est une plénitude de bonté, de charité et de miséricorde qui ne demande qu'à se répandre.

Oh! sur qui est-ce de tous les hommes que Dieu jettera les yeux ? ce sera sur l'humble de cœur et d'esprit, qui se croit indigne de recevoir une consolation, et qui se reconnaît trop honoré d'être en sa présence.

Les torrents des douceurs et des consolations divines ne coulent pas sur les montagnes, dit saint Augustin, mais dans les vallées. La patience est une vertu dont l'ouvrage est parfait et achevé, c'est-à-dire qui rend parfait celui qui la possède, comme parle saint Jacques.

Si l'on cherche en l'oraison la gloire de Dieu, il n'y a rien qui l'honore comme une patience humble et une humilité patiente; si c'est son propre mérite, sans humilité et sans patience, on n'en peut acquérir; si c'est sa perfection, l'humilité en est le fondement, et la patience, pour ainsi dire, le couronnement. On ne peut pas toujours discourir en l'oraison; on ne peut pas toujours parler, on ne peut pas toujours pleurer, mais on peut toujours s'humilier; on ne peut pas toujours avoir des consolations, mais qui ne peut pas en tout temps avoir de la patience?

Humiliez-vous donc, âme chrétienne, dans vos froideurs, dans vos stérilités, dans vos distractions et dans toutes vos peines; reconnaissez que vous ne pouvez rien faire sans la grâce de Dieu, et que vous n'êtes qu'ignorance, que faiblesse et que malice. Ce n'est pas assez de connaître que vous ne pouvez rien, mais confessez que vous ne méritez rien que des châtiments; gardez-vous bien de vous plaindre et de murmurer comme si Dieu vous traitait avec trop de sévérité. Allez en enfer voir votre place, et jugez si celle où vous êtes n'est pas

plus douce et plus supportable que celle-là?
N'est-ce pas être en paradis que d'être en la
présence de Dieu? Les Saints dans le ciel jouissent de lui avec plaisir, et vous en jouissez avec
douleur ; votre condition semble en quelque
façon plus avantageuse, du moins elle a plus
de mérite.

Gardez-vous de l'oisiveté, mais persuadez-
vous que vous n'êtes point oisive quand vous
n'êtes point volontairement distraite ; que vous
faites beaucoup quand vous souffrez beaucoup ;
qu'une oraison de consolation ne vaut point
une oraison de patience, et que si vous faites
ce que vous pouvez, Dieu vous donnera ce que
vous désirez.

Les grandes grâces sont les fruits des grands
combats; les grandes consolations succèdent
aux grandes tentations. Sainte Térèse a été
seize ans à faire une oraison de patience, et
elle a mérité par là ce haut don d'oraison et ses
communications extraordinaires avec notre
Seigneur. Si elle eût perdu courage et si elle
eût quitté son oraison, jamais elle ne fût arri-
vée à l'union.

Il y a longtemps, dites-vous, que vous êtes
délaissée de Dieu, vous êtes une de ces montagnes de Gelboé, frappée de sa malédiction, où
il ne tombe ni pluie ni rosée ; vous croyez que

Dieu est en colère contre vous : vous vous trompez, il vous mène, par ce désert stérile et infructueux, à la terre promise où le lait et le miel coulent en abondance. Il vous établit dans l'humilité pour vous rendre capable de grandes faveurs qu'il a dessein de vous faire. Il vous vide pour vous remplir, et il vous fait mériter ce qu'il a envie de vous donner.

Tout consiste à être fidèle et à ne jamais quitter son oraison, quelque peine qu'on ressente à la prière. Si le démon vous demande ce que vous faites là, répondez-lui que vous faites la volonté de Dieu ; que vous gardez ces quatre parois, comme il vous a ordonné ; qu'il vous fait trop d'honneur de vous souffrir en sa présence ; et que si vous ne pouvez rien faire, vous voulez apprendre à souffrir.

O heureuse l'âme qui peut dire avant la mort : Je n'ai jamais manqué, quelque affaire que j'aie eue, à faire mon oraison ! Je l'assure qu'elle entrera dans la terre promise avant que de mourir.

Il y en a qui quittent Dieu, disent-ils, pour servir Dieu, qui laissent leur oraison pour prêcher, pour confesser, pour visiter les pauvres, pour assister les malades. Hélas ! que je crains qu'ils ne quittent Dieu pour se chercher eux-mêmes. Une bonne oraison sert à faire un bon sermon ; il faut se remplir pour se répandre, et s'unir à Dieu pour y attirer les autres. Peut-on sauver les âmes sans la grâce de Dieu ? et n'est-ce pas par le canal de l'oraison qu'elle découle ? On prétexte souvent l'impuissance, et à dire la vérité c'est un défaut de foi, de charité et de confiance. Ce n'est point tenter Dieu que de faire ce qu'il ordonne, et de s'unir à lui par la prière; c'est plutôt le tenter que de se promettre sa bénédiction, abandonnant l'exercice d'oraison ; c'est vouloir combattre sans force, nourrir sans lait, conduire sans lumière : et il y a bien à craindre que ces personnes si zélées pour la gloire de Dieu, n'aient trop peu de zèle pour la leur, et n'aiment mieux perdre leur oraison que de risquer un peu de leur réputation.

O mon Dieu ! on ne perd rien à vous servir, et vous honorez par trop ceux qui vous honorent : j'aurai toujours dans le cœur et dans l'esprit la maxime d'un de vos serviteurs, qui disait qu'il aimait mieux perdre sa réputation que de perdre sa méditation, et faire un mauvais sermon que de faire une mauvaise oraison.

Soyez donc fidèle, âme dévote, à vous acquitter de vos exercices, quelque peine et quelque dégoût que vous y ressentiez, quelques affaires et quelques occupations que vous ayez. Si vous avez commis quelque infidélité, ne perdez point courage, mais réparez votre faute par votre patience; la justice de Dieu doit être honorée des hommes aussi bien que ses autres perfections : nous l'honorons par nos peines : c'est elle qui met opposition aux grâces de la miséricorde; quand elle est satisfaite, il n'y a plus rien qui empêche Dieu de nous faire du bien; nous la contentons par notre humilité et par notre patience; voilà les victimes qu'il faut immoler sur son autel; nous gagnons donc beaucoup, quand nous croyons tout perdre.

Enfin, souvenez-vous que c'est dans les stérilités de la nature que la grâce fait ses plus riches moissons; que les opérations de Dieu ne sont jamais plus pures que lorsqu'elles sont moins sensibles; que jamais vous n'êtes plus proche de lui que lorsque vous vous en croyez plus éloigné, et que si vous êtes fidèle dans ce purgatoire de désolation, vous entrerez avant que de mourir dans le paradis de la consolation, où vous chanterez les louanges de Dieu, et vous direz avec le sage fils de Sirach : « Voyez » de vos yeux que j'ai un peu travaillé, et que » j'ai trouvé un grand repos. Ainsi-soit-il. »

FIN.

NOUVELLE FORME

DE MÉDITATIONS

POUR TOUTES SORTES D'ÉTATS.

AVIS

Il y a quantité de gens avancés ou non dans l'oraison, qui ne sauraient s'accommoder de longues méditations : les uns, parce qu'ils n'ont pas assez de temps pour les lire ; les autres, parce qu'ils n'ont point assez de mémoire pour les retenir. Outre que l'esprit voyant fait ce qu'il avait à faire, et trouvant sans peine ce qu'il devait chercher par son discours et par son raisonnement, devient lâche et négligent, et s'égare ordinairement dans ces vastes pays qu'on lui a découverts.

Au contraire, lorsqu'il a peu de matière à méditer, il la retient sans peine, il la goûte avec plaisir, il la digère avec profit ; tout ouvrier aime son ouvrage et ce qui lui a coûté à faire.

Le chasseur qui a longtemps cherché son gibier, sent beaucoup de joie quand il le découvre. L'esprit aime ce qu'il a fait, et ce qu'il a eu de la peine à trouver : quand il a foui longtemps en terre, et qu'il y rencontre la source d'eau vive, il y boit avec plaisir.

C'est dans le désert que Dieu fait tomber la manne, et du sein des rochers qu'il tire les eaux pour faire éclater sa puissance et sa bonté. Quand une âme se voit dans un pays stérile et sablonneux ; et quand elle sent, sans y penser, son cœur noyé de consolations, elle reconnaît bien mieux les opérations de la grâce, que si elle était à une table couverte de mets délicieux, ou assise au bord d'une claire fontaine.

Le royaume des cieux est semblable à un grain de sénevé, qui est fort petit, mais qui échauffe l'estomac quand il est pilé et broyé. Le trésor de la grâce est souvent enfermé dans une seule parole ; la découverte d'une vérité fait plus d'impression sur une âme qui l'a trouvée, que cent qu'on lui a proposées.

Il ne faut donc pas charger son esprit de trop de matières, non plus que son estomac de trop de viandes; autrement il ne les pourrait digérer. C'est pour cela que saint Ignace, ce grand homme d'oraison, nous a donné, dans ses exercices, des méditations fort courtes; et plus on avance, moins donne-t-il de matière, afin que l'âme mette sa confiance en Dieu, qu'elle lui demande ses lumières, qu'elle applique ses puissances, qu'elle s'humilie dans ses pauvretés, et qu'elle reconnaisse mieux les dons de Dieu, quand elle se voit tout d'un coup enrichie de ses grâces.

C'est aussi ce qui m'a obligé de dresser les méditations suivantes; il y en a pour toutes sortes d'états et de personnes, principalement pour celles qui ont acquis quelque facilité à raisonner.

Il faut choisir celle qu'on jugera plus propre à sa disposition et à sa nécessité, et s'arrêter un peu de temps à chaque ligne, puis passer à une autre, comme une abeille de fleur en fleur, jusqu'à ce qu'on ait trouvé le miel de la dévotion.

On peut se servir de ces entretiens en tout temps, en tous lieux, dans les cabinets, dans les voyages, et lorsqu'on n'a pas la commodité lire d'autres méditations.

Ceux qui veulent faire des retraites de huit

ou de dix jours, pourront aussi se servir de ces méditations, qui sont disposées selon les trois états de la vie spirituelle.

La première partie est pour ceux qui commencent, et qui sont dans la vie purgative;

La seconde, pour ceux qui avancent, et qui sont dans la vie illuminative;

La troisième et la quatrième, pour ceux qui sont plus avancés, et qui sont ou qui aspirent à la vie unitive.

La cinquième, qui est composée de quelques paroles tendres et affectueuses, peut servir à ceux qui se trouvent sans dévotion, et qui ne peuvent s'occuper dans l'oraison ou après la communion, mais principalement aux âmes qui sont dans l'union.

PREMIÈRE PARTIE.

POUR LA VIE PURGATIVE.

Iʳᵉ MÉDITATION.

DE LA FIN DE L'HOMME.

Je suis venu de Dieu.

J'appartiens à Dieu.

Je demeure dans Dieu.

Je dois vivre pour Dieu.

Comme je ne puis être que de Dieu,

Je ne puis être que pour Dieu.

Il n'est pas nécessaire que je sois au monde, mais supposé que j'y sois, il faut que je sois à Dieu.

Tout me parle de Dieu.

Tout me conduit à Dieu.

Tout m'attire à Dieu.

Tout me dit que je ne mérite pas de vivre, si je ne vis pour Dieu ;

Que je ne mérite pas d'avoir un cœur,
Si je n'aime Dieu.

—

Oh ! je serai donc à Dieu !
Je n'aimerai plus que Dieu.
Je ne vivrai plus que pour Dieu.
Heureuse nécessité,
Qui m'oblige d'être à Dieu !

IIᵉ MÉDITATION.

DE LA VOLONTÉ DE DIEU.

Je ne suis au monde,
Que pour faire ce que Dieu veut.
Je ne mérite point d'être,
Si je ne fais ce queDieu veut.
Je ne serai jamais parfait,
Si je ne fais ce que Dieu veut.
Je n'aurai jamais de repos,
Si je ne faisce que Dieu veut.
Tout mon bonheur consiste,
A faire ce queDieu veut.
Il faut de gré ou de force,
Que je fasse ce que Dieu veut.

O mon Dieu! détruisez ma volonté,
De peur qu'elle ne détruise la vôtre.
Tirez-moi, si je ne veux pas vous suivre.

Faites votre volonté de moi, si je ne veux pas faire votre volonté ; contraignez-moi, si je ne veux pas vous obéir.

IIIᵉ MÉDITATION.

DU DÉTACHEMENT DES CRÉATURES.

Je n'ai jamais trouvé de plaisir dans le créatures.

Je n'y ai jamais trouvé de repos.
Je n'y ai jamais trouvé d'assurance.
Je n'y ai jamais trouvé de fidélité.
Elles sont vaines et inconstantes.
Elles sont impures et indigentes.
Elles sont faites pour moi,
Je ne suis pas fait pour elles.
Elles sont plus viles que moi,
Je suis plus noble qu'elles.
Elles peuvent m'amuser,
Elles ne sauraient me rassasier.
Elles peuvent m'inquiéter,
Elles ne sauraient me calmer.

Mon cœur est fait pour aimer Dieu.
Il est formé à l'image de Dieu.
Il ne peut être rempli que de Dieu.
Il ne peut trouver de repos qu'en Dieu.

———

Oh ! que j'ai été misérable,
Tandis que je n'ai point été à Dieu.
Oh ! que je serai heureux,
Quand je serai tout à Dieu.

IVe MÉDITATION.

DES OBLIGATIONS QUE NOUS AVONS D'AIMER ET DE SERVIR DIEU.

O mon Dieu ! puisque vous êtes le premier des êtres, je me dois tout à votre amour.

Puisque vous m'avez formé de vos mains, je me dois tout à votre amour.

Puisque vous m'avez fait pour vous aimer, je me dois tout à votre amour.

Puisque vous m'avez animé de votre esprit, je me dois tout à votre amour.

Puisque vous vous promettez tout à moi, Je me dois tout à votre amour.

O mon Dieu! je me dois plus que tout, et autant plus que tout à votre amour, que vous êtes plus que moi à qui vous vous promettez, et vous vous donnez par un excès d'amour.

O mon Dieu! que je cesse de vivre, si je ne veux vivre pour votre amour.

Vᵉ MEDITATION.

DU MÉPRIS DU MONDE.

Qui m'a mis en ce monde ?
Pourquoi suis-je en ce monde ?
Qu'est-ce que je fais en ce monde ?
Quel repos ai-je en ce monde ?
Quand sortirai-je de ce monde ?
Où irai-je au sortir de ce monde ?
Que voudrai-je avoir fait,
Au sortir de ce monde ?
Peut-on être serviteur de Dieu et du monde ?
Faut-il me damner pour les biens de ce monde ?
Si je perds mon âme,
Que me servira d'avoir gagné tout ce monde ?

—

O mon Dieu, ou tirez-moi du monde,]
Ou détachez-moi du monde !

Ou faites mourir le monde dans mon cœur,
Ou ne me laissez point vivre au monde.

VIe MÉDITATION.

DE LA PÉNITENCE.

Il n'y a que deux chemins à l'éternité,
Le large et l'étroit.
Le large conduit en enfer,
L'étroit conduit au ciel.
Le large est le plus facile,
L'étroit est le plus rude.
Le large est le plus battu,
L'étroit est le moins fréquenté.
Dans lequel êtes-vous ?
Vous marchez par les grands chemins.
Vous n'avez point d'autres règles que la coutume.
Vous n'imitez que les vices des autres.
Vous ne suivez que vos passions.
Vous ne voulez point être à l'étroit.
Vous ne cherchez qu'à vous mettre au large.
Vous êtes déterminé à pécher, et vous ne vous déterminez point à faire pénitence.
Si vous ne la faites promptement, vous mourrez subitement.

Si vous ne la faites dans le temps, vous la ferez dans l'éternité.

—

O mon Dieu, ne m'épargnez point dans le
temps, pourvu que vous m'épargniez dans l'é-
ternité !

VIIe MÉDITATION.

DE LA MORT.

Vous mourrez une fois.
Vous ne mourrez qu'une fois.
Vous ne savez quand vous mourrez.
Vous mourrez plus tôt que vous ne pensez.
Si vous n'y pensez,
Vous mourrez sans y penser.
Telle est la mort quelle est la vie.
On n'apprend point en un moment un métier
qu'on n'a jamais fait.
On ne désapprend point en un moment un
métier qu'on a toujours fait.
Après la mort vous serez jugé.
Après le jugement vous serez sauvé
Ou damné

O mort ! ô jugement!

O salut ! ô damnation !

Je suis mort, si je ne pense point à la mort.

Je suis sans jugement, si je ne crains point le jugement.

Je ne mérite point d'être sauvé, si je ne crains point d'être damné.

La mort est douce à ceux à qui la vie est amère.

La mort est amère à ceux à qui la vie est douce.

VIIIᵉ MÉDITATION.

DU PÉCHÉ MORTEL.

J'ai offensé une majesté infinie.

J'ai outragé des perfections infinies.

J'ai voulu détruire une bonté infinie.

J'ai mis à mort une charité infinie.

J'ai transgressé une obligation infinie.

J'ai donc commis une injustice infinie.

Oh ! je mérite donc une peine infinie.

Dieu hait le péché autant qu'il le peut haïr.

Il le hait autant qu'il s'aime soi-même.

Il le hait infiniment.

Il le hait nécessairement,

Il le hait essentiellement.
Il le haïra éternellement.

—

O mon Dieu, faut-il que j'aime ce que vous haïssez?

Et que je l'aime autant que vous le haïssez?

Hélas! j'aime infiniment ce que vous haïssez infiniment,

IX· MÉDITATION.

DU PÉCHÉ VÉNIEL.

C'est un grand mal que le mal d'un Dieu.

C'est une grande injure que l'injure d'un Dieu.

Tout péché véniel déshonore Dieu.

Il offense les perfections de Dieu.

Il contriste l'esprit de Dieu.

Il refroidit l'amour de Dieu.

Il diminue les grâces de Dieu.

Il nous égare de la conduite de Dieu.

Je déshonore plus Dieu par un péché, que je ne le puis honorer par toutes mes bonnes œuvres.

Je blesse et défigure mon âme.
J'obscurcis mon entendement.
J'affaiblis ma volonté.
Je soulève mes passions.
Je me familiarise avec le péché.
Je me mets en danger de mort.

—

Oh! que je vous ai méprisé, Dieu de majesté.
Oh! que je vous ai affligé, Dieu de consolation.
Mon âme, crains un mal qui tend à la mort.
Si tu n'évites le véniel, tu tomberas dans le mortel.

Xe MÉDITATION

DE L'ENFER.

L'enfer est la prison de la justice de Dieu.
C'est l'arsenal de ses vengeances.
C'est le terme de sa colère.
C'est l'exil de toutes les consolations.
C'est le centre de toutes les misères.
C'est le puits profond de la mort.
C'est le royaume du démon.
C'est le pays des désespérés.
C'est une région de larmes.

C'est un lieu de tourments.
C'est une terre de malédictions.
C'est une perte sans ressource.
C'est un abîme sans fond.
C'est un travail sans repos.
C'est une douleur sans fin.
C'est un mal sans remède.

O éternité, que tu es longue !
O éternité, que tu es terrible !
O jamais qui ne finit jamais !
O toujours qui durera toujours !
O présent qui tient toujours au passé !
O passé qui tient toujours à l'avenir !
O éternité ! ne t'appréhenderons-nous jamais ?
Si nous te craignons, nous ne pécherons
Jamais.

XIe MÉDITATION.

DE LA TIÉDEUR.

Qu'une âme tiède est misérable !
Elle a perdu le goût de Dieu.
Elle est privée de ses consolations.
Elle est égarée de sa Providence.

Elle pèche sans crainte.

Elle fait le mal sans remords.

Elle n'ose rentrer en elle-même.

Elle est malade et ne sent point son mal.

Elle est méchante et se croit bonne.

Elle est esclave et se croit libre.

Elle abuse de tous les remèdes.

Elle rejette toutes les inspirations.

Elle est insensible à toutes les grâces.

Elle décrie la dévotion.

Elle scandalise le prochain.

Elle est à charge aux communautés.

Elle pèse au cœur du Fils de Dieu.

Elle l'oblige de la vomir.

Elle est en danger de n'y plus rentrer.

—

O mon Sauveur, qu'il y a longtemps que je vous afflige, et que je suis à charge à votre patience. Oh! chassez-moi, si vous voulez, de votre paradis, mais ne me chassez point de votre cœur; votre haine m'est plus redoutable que l'enfer.

Mon âme, souviens-toi d'où tu es déchue, et reprends ta première ferveur.

Autrement le Fils de Dieu ôtera ton chandelier, et en mettra un autre en sa place.

XIIe MÉDITATION.

DES VAINS DÉSIRS.

Mon âme, es-tu contente ?
Que désires-tu sur la terre ?
Dieu ne te suffit-il point ?
N'est-ce pas lui qui est tout ton bien ?
Quand est-ce que tu as été bien sans lui ?
Quand est-ce que tu as été mal avec lui ?
Que cherches-tu après Dieu ?
Qui te peut contenter si ce n'est Dieu ?
Tes désirs sont tes tyrans.
C'est ce qui trouble ton repos.
Que tu serais heureuse, si tu ne voulais rien !
Que gagnes-tu à désirer ?
Les désirs n'entrent point au Ciel.
Ce sont les démons de l'enfer.
C'est ce qui tourmente les damnés.
Cesse de désirer, et tu sortiras de ton enfer.

—

O mon Dieu, hors de vous toute abondance m'est indigence, toute douceur m'est amertume !
Un cœur est bien avare à qui Dieu ne suffit.

7

XIIIe MÉDITATION.

DE LA PAIX DE L'AME.

Je voudrais bien être en paix ;
D'où vient que je n'y suis point ?
N'est-ce point que je défère trop à mon sens ?
N'est-ce point que j'ai trop d'attache à ma volonté !
N'est ce point que je suis rebelle à mes supérieurs ?
N'est-ce point que je ne veux rien souffrir ?
N'est-ce point que j'ai quelques désirs ?
N'est-ce point que je fais la guerre à Dieu ?
N'est-ce point que je résiste à ses volontés ?
N'est-ce point que je m'oppose à sa Providence ?
N'est-ce point que je veux ce qu'il ne veut pas ?
N'est-ce point que je ne veux pas ce qu'il veut ?
Qui peut vivre en paix faisant la guerre à Dieu ?
Qui peut être content étant mal avec Dieu ?

O mon âme !

Si tu es contre Dieu, Dieu sera contre toi.

Si tu troubles sa paix, il troublera ton repos.

Si tu gardes son ordre, son ordre te gardera.

Si tu troubles son ordre, son ordre te troublera.

Ne désire rien, et tu auras tout.

Fais la volonté de Dieu, et Dieu fera la tienne.

XIV⁰ MÉDITATION.

DE LA BONNE ET DE LA MAUVAISE CONSCIENCE.

Qu'il fait bon servir Dieu !

Qu'il y a de plaisir à l'aimer !

Qu'il est bon à ceux qui l'aiment !

Qu'il est terrible à ceux qui l'offensent !

Qu'une bonne conscience est heureuse !

Qu'une mauvaise conscience est malheureuse !

Qu'un bon cœur est joyeux !

Qu'un mauvais cœur est triste !

Que de repos dans une bonne âme !

Que de troubles dans une âme mauvaise !

Que la vertu est aimable !

Que le vice est amer !

Que la mort des justes est précieuse !

Que la mort des pécheurs est horrible !

Ah ! je veux aimer Dieu dans le temps,
Afin que je le puisse aimer dans l'éternité.
Je veux mener une bonne vie,
Afin que je puisse avoir une bonne mort.
Je veux vivre en grâce,
Afin que je puisse mourir en paix.

XVe MÉDITATION.

DES DEUX ÉTERNITÉS.

Se réjouir toujours, et ne jamais pleurer.
Pleurer toujours et ne jamais se réjouir.
Vivre toujours et ne jamais mourir.
Mourir toujours et ne jamais vivre !
Reposer toujours sans jamais travailler.
Travailler toujours sans jamais reposer.
Voilà le partage des bons.
Voilà la peine des méchants.

—

O que le paradis est aimable !
O que l'enfer est redoutable !
O que le monde est trompeur !
O que l'homme est aveugle !
O que le temps est court !
O que l'éternité est longue !
Rien n'est long dont on voit le terme.
Rien n'est court dont on ne voit point la fin.

XVIᵉ MÉDITATION.

DES TROUBLES ET DES TENTATIONS.

Que ces pensées me tourmentent!
— Pourquoi vous en tourmentez-vous?
Je crains d'y consentir.
— Votre crainte vous doit assurer.
Je suis tombé en un péché.
— Il faut promptement vous relever.
Dieu est en colère contre moi.
— Il est en votre pouvoir de l'apaiser.
Marchez avec plus de diligence.
Travaillez avec plus de fidélité.
Confessez-vous sans différer.
Humiliez-vous sans troubler.
Un mal n'en répare pas un autre.
Le péché ne guérit pas le péché.
Cette tentation est importune;
— Mais elle vous est nécessaire.
Elle vous tient dans l'humilité.
Elle vous fait vivre dans la dépendance.
Elle vous oblige de prier.
Elle vous empêche de présumer.
Sans tentation on ne peut être éprouvé.
Sans combat on ne peut être couronné.
Sans victoire on ne peut être sauvé.

O mon Dieu !
Tenez-vous auprès de moi.
Et que tout l'enfer combatte contre moi.
Si j'ai de quoi me perdre,
Vous avez de quoi me sauver.

XVIIe MÉDITATION.

LES CAUSES ET LES MAUVAIS EFFETS DE LA TRISTESSE.

L'homme qui s'attriste jusqu'à l'excès,
Aime excessivement quelque chose.
Il ne croit point de Providence.
Ou il la croit injuste et aveugle.
S'il ne murmure pas de bouche,
Il murmure de cœur contre elle.
Il dit qu'il n'y a point de Dieu,
Ou qu'il n'est pas sage,
Ou qu'il n'est pas juste,
Ou qu'il n'entend rien à gouverner l'univers.

Un dévot triste et chagrin scandalise le prochain.
Il lui donne du mépris pour la dévotion
Et de l'aversion pour la vertu.
Il le détourne du service de Dieu.

Il fait passer Jésus-Christ pour un mauvais maître.

Il met le trouble dans sa famille.

Il entre aisément en colère.

Il est à charge à ses supérieurs.

Il est fâcheux à ses égaux.

Il est insupportable à ses inférieurs.

Il aigrit la conversation et en ôte la douceur.

Il n'y a point de sens,
Où il y a de la tristesse.

Il n'y a point de raison,
Où le chagrin domine.

Un homme triste est ennemi de lui-même.

Il abrége ses jours et avance sa mort.

Il ôte même la vie à son âme.

Rien ne peut contenter une personne de méchante humeur.

Son cœur est en enfer, où il n'y a que pleurs et grincements de dents.

Le démon y demeure comme dans sa maison.

Comme il est triste et chagrin !

Il se plaît avec ses semblables.

Il les pousse dans le désespoir.

Il les engage dans toutes sortes de vices.

Il leur fait rechercher les plaisirs du corps,
Au défaut de ceux de l'esprit.

O quelle maladie, qui a besoin d'un tel remède !

D'où vient que je suis triste ?

C'est que votre cœur est agité de quelque passion.

C'est qu'il est attaché à quelque créature.

C'est qu'il désire quelque chose qu'il n'a pas.

C'est qu'il lui est survenu quelque chose qui ne lui plaît pas.

C'est que votre conscience n'est pas pure.

C'est que vous avez commis quelque péché

Et que vous en craignez la peine.

Vous combattez la volonté de Dieu.

Et Dieu combat la vôtre.

Vous troublez son repos, et il trouble votre joie.

Vous ne lui donnez pas ce qu'il demande,

Et il ne vous donne pas ce que vous désirez.

Vous ne voulez rien souffrir.

Vous recherchez trop des aises.

Vous aimez trop la vie douce.

Vous êtes trop tendre sur vous-même.

Voilà la cause de votre chagrin.

—

O qu'un homme est content
Qui ne craint rien que Dieu !
O qu'un homme est tranquille
Qui est bien avec Dieu !
O qu'un homme est riche qui possède Dieu !
O qu'un homme est en paix
Qui se repose en Dieu !

XVIIIe MÉDITATION.

L'UTILITÉ ET LA NÉCESSITÉ DES PERSÉCUTIONS

La persécution ne nous plaît pas ;
Mais elle nous est utile et nécessaire.
Elle nous détache de l'affection des créatures.
Elle nous pousse comme malgré nous au ciel.
Elle nous purifie de nos vices et de nos péchés.
Elle affermit et enracine les vertus.
Elle nous maintient dans notre devoir.
Elle nous fait rentrer dans nous-même.
Elle nous oblige de retourner à Dieu.
Elle nous dégoûte de la vie.
Elle nous fait désirer la mort.

Seriez-vous à Dieu,
Si le monde avait voulu de vous ?
Auriez-vous cherché Dieu,
Si le monde ne vous avait rebuté ?
Seriez-vous retourné à Dieu,
Si le monde ne vous avait chassé ?
C'est Dieu qui défend aux créatures de vous caresser.
C'est lui qui borde votre chemin d'une haie d'épines,

Pour vous empêcher de vous égarer.
Il ne veut pas le péché :
Mais il veut la peine du péché.
Il hait le persécuteur :
Mais il aime le persécuté.

O mon Dieu, que votre sagesse est admira-
ble !
Que votre conduite est pleine de bonté !
Je ne serais point à vous,
Si le monde avait voulu de moi.
Je ne serais point pour vous,
Si le monde n'avait été contre moi.
O que je suis redevable à sa haine !
O que j'ai d'obligation à votre amour!
O que vous m'avez été miséricordieusement
sévère !
O que vous m'avez charitablement persécuté !

Il n'y a point de salut sans croix.
Point de mérite sans patience.
Point de victoire sans combat.
Point de vertu sans épreuve.
Point de persécution sans ennemi.
Une eau croupissante se corrompt.
Une chair qui n'est point salée se pourrit.
Un fer dont on ne se sert point s'enrouille.
Un cheval qu'on ne pique point s'arrête.

Que vous êtes misérable,
Si vous êtes sans misère!
Comment serez-vous martyr,
Si vous n'avez point de tyran?
Comment serez-vous chrétien,
Si vous n'avez point de croix?
Comment serez-vous sauvé,
Si vous n'êtes point affligé?
Jésus a été haï, et vous voulez être aimé.
Jésus a été persécuté
Et vous vous voulez être caressé.
Jésus a été méprisé,
Et vous voulez être estimé.

—

O Jésus!

Que tout le monde soit contre moi!

Je ne m'en soucie pas pourvu que vous soyez pour moi.

Je ne veux point plaire à ceux qui vous déplaisent et à qui vous ne plaisez pas.

Heureuses persécutions qui me détachent de tout pour m'attacher à vous!

XIXe MÉDITATION.

COMMENT ON PERD ET L'ON RECOUVRE DIEU.

On perd Dieu par le péché mortel.

On commence à le perdre par le véniel.

On s'en éloigne par les infidélités.

On le quitte par l'oubli, la tiédeur et la négligence.

Dieu est dans nos âmes

Par une grâce d'union.

Il y est par une grâce de direction.

Il y est par une grâce de protection.

Il y est par une grâce de consolation.

Le péché mortel rompt ces belles unions.

Le véniel les affaiblit.

L'infidélité les ébranle.

Dieu n'est plus dans le pécheur comme il
y était auparavant.

Il ne le dirige plus par sa sagesse.

Il ne le protége plus par sa puissance.

Il ne le console plus par sa bonté.

Il ne l'échauffe plus par son amour.

O le grand mal que le péché,

Qui nous prive de Dieu, s'il est mortel;

Qui nous en éloigne, s'il est véniel!

Judas, qu'as-tu fait?
Tu as gagné de l'argent,
Et tu as perdu ton Dieu.
Je pleure jour et nuit, quand on me dit :
Où est ton Dieu ?
Pleurez, âme infidèle,
Vous en avez bien sujet.
Vous ne pouvez faire de plus grande perte,
Que celle que vous avez faite.
Tâchez de la réparer
Pendant que vous en avez le temps,
Car vous ne l'aurez pas toujours.

Si l'on perd Dieu par le péché mortel,
On le recouvre par la pénitence.
Il ne faut qu'un moment pour le perdre ;
Il ne faut qu'un moment pour le recouvrer.
On le perd par un désir du cœur.
On le recouvre par un soupir du cœur.

On perd la présence de Dieu,
Par la dissipation de l'esprit,
Par l'épanchement du cœur,
Par le tumulte des passions,
Par la satisfaction des sens,
Par le commerce du monde,
Par les vains désirs
Et par la curiosité de l'esprit.

On recouvre la présence de Dieu,
Par l'éloignement du monde,
Par le détachement du cœur,
Par la solitude du corps,
Par le recueillement de l'esprit,
Par la mortification des passions,
Par la paix et le silence.

On recouvre l'union avec Dieu,
Par l'éloignement de soi-même.
On recouvre sa direction,
Par une obéissance fidèle à ses ordres.
On recouvre sa protection,
Par la prière et par la défiance de ses propres forces.
On recouvre sa consolation,
Par la mortification des sens.

XXᵉ MÉDITATION.

DE L'EXCELLENCE DE LA FOI.

La raison est la lumière de l'homme ;
Et la foi est la lumière du chrétien.
Pour être homme il faut être raisonnable.
Pour être chrétien il faut être fidèle.
Dieu veut être honoré du cœur
Et de l'esprit de l'homme.

Le cœur honore Dieu
En se soumettant à sa loi.
L'esprit honore Dieu
En se soumettant à la foi.
Le cœur est parfaitement soumis,
Lorsqu'il fait ce qui ne lui plaît pas.
L'esprit est parfaitement soumis,
Lorsqu'il croit ce qu'il n'entend pas.

La foi consacre l'esprit de l'homme :
Elle le rend saint et religieux.
Elle le soumet à l'autorité de Dieu.
Elle le sacrifie à sa gloire.
Elle l'unit à sa sagesse.
Elle lui découvre sa vérité.
Elle le rend droit et infaillible comme lui.

La foi soutient nos espérances :
Elle anime notre charité.
Elle dissipe nos ténèbres.
Elle nous instruit de nos devoirs.
Elle nous découvre les vrais biens.
Elle fortifie nos faiblesses.
Elle fait trembler les démons.
Elle triomphe de leurs tentations.
Elle nous inspire l'humilité.
Elle nous conserve dans l'unité.
Elle nous dispose à la grâce.
Elle nous fait mériter la gloire.

Sans la foi l'esprit de l'homme est profane :
Il n'est point soumis à la première vérité.
Il n'a point de vraie religion.
Il s'égare dans ses connaissances.
Il se perd dans ses raisonnements.
Il s'aveugle dans ses propres lumières.
Il ne s'élève point au-dessus de la nature.
Il n'est point sous la conduite de la grâce.
Il ne mérite rien pour le Ciel.
Il ne sera point éclairé de la lumière de gloire.

Pour obéir à la loi de Dieu,
Il faut renoncer à sa propre volonté.
Pour être éclairé des lumières de Dieu,
Il faut renoncer à son propre jugement.
Un homme n'est pas soumis à Dieu,
Qui ne veut faire que ce qui lui plaît.
Un homme n'est pas disciple de Dieu,
Qui ne veut croire que ce qu'il entend.
Pour être soumis à Dieu, il faut s'élever au-dessus des inclinations naturelles.
Pour être disciple de Dieu, il faut s'élever au-dessus des raisonnements humains.

—

O mon Dieu, première vérité !
Je veux être votre serviteur,
Je veux être votre disciple.
Je crois ce que je n'entends pas.

J'espère ce que je ne mérite pas.

J'aime ce qui ne me plaît pas.

Je crois dans les ténèbres.

J'espère dans l'infirmité.

J'aime dans la douleur.

Je rends hommage à votre sagesse,

En renonçant à mon jugement.

Je rends hommage à votre puissance,

En renonçant à ma force.

Je rends hommage à votre bonté,

En renonçant à mes désirs.

XXIᵉ MÉDITATION.

DU MALHEUR DES RICHES.

Il est bien difficile d'être riche en ce monde et en l'autre.

Il est impossible qu'un homme soit sauvé, qui désire les biens de la terre avec passion.

L'avare a des sentiments contraires à la foi,

Puisqu'il croit misérables ceux que Jésus appelle heureux;

Et qu'il croit heureux ceux qu'il appelle misérables.

S'il estimait les pauvres heureux, ne le voudrait-il pas être?

S'il estimait les riches malheureux, le voudrait-il être ?

La foi combat la passion de l'avare.

Et la passion de l'avare combat la foi.

Il ne peut prendre un parti, sans quitter l'autre.

S'il veut conserver sa foi,

Il faut qu'il renonce à sa passion.

S'il veut contenter sa passion,

Il renonce à sa foi.

L'avare n'a point d'espérance :

Car qui peut espérer ce qu'il ne croit pas ?

Qui peut désirer ce qu'il n'estime pas ?

Le riche avare ne croit point qu'il y ait une autre vie.

Il n'estime que les biens temporels.

Il ne fait rien pour gagner le ciel.

Il ne songe qu'à s'établir sur la terre.

Il lui est indifférent qu'il y ait un Dieu ou qu'il n'y en ait pas :

Parce qu'il n'attend rien de lui.

C'est pour cela qu'il ne le prie jamais.

N'est-il pas idolâtre de son argent ?

Ne lui sacrifie-t-il pas toutes ses pensées ?

N'en fait-il pas son Dieu?

N'y établit-il pas sa dernière fin?

N'est-ce pas en lui qu'il met toute son espérance?

L'avare n'a point de charité.
Son cœur est où est son trésor.
On ne peut servir deux maîtres.
On ne peut aimer Dieu et l'argent.
La cupidité des biens est insatiable.
Elle occupe tout le cœur.
Celui qui veut s'enrichir promptement,
Prend tout ce qu'il peut prendre,
Et ne rend rien de ce qu'il a pris.
La nature se contente de peu:
Mais la passion n'a pas de bornes.
Les fortunes trop tôt avancées, ne sont souvent
Que des injustices accumulées.
Comment donc un avare se peut-il sauver ?

Pourra-t-il faire pénitence ?
Il ne connaît point son péché.
Il l'aime, s'il le connaît.
Les eaux dérobées semblent plus douces
Que celles dont l'usage est permis.
On rend difficilement ce qui a bien coûté à
prendre.
Peut-on sans restitution espérer le pardon?

—

O mon Dieu, que je ne sois point tourmenté
pour les faux biens de la terre !
Vous savez où est mon trésor,
Et que c'est vous seul que je désire.

Faut-il se damner pour des biens qu'il faut nécessairement quitter ?

Qu'avons-nous apporté en ce monde ?

Que pouvons-nous en emporter ?

Heureux celui qui se contente de Dieu,

Et qui met toute son espérance en Dieu!

L'or et l'argent sont les dieux des Gentils :

Mais le Dieu du ciel sera uniquement le mien.

DEUXIÈME PARTIE.

POUR LA VIE ILLUMINATIVE.

Iʳᵉ MÉDITATION.

DE L'IMITATION DE JÉSUS-CHRIST.

Jésus a dit cela, il le faut donc croire.

Jésus a fait cela, il le faut donc faire.

Sa doctrine est la règle de notre foi.

Son exemple est la règle de nos mœurs.

Il est infaillible en ses paroles.

Il est impeccable en ses actions.

Je suis hérétique d'esprit,

Si je ne crois pas ce qu'il a dit.

Je suis hérétique de cœur,

Si je ne fais pas ce qu'il a fait.

Je serai parfait, si je suis semblable à Jésus.

Je serai chéri de Dieu, si je suis semblable à Jésus.

J'aimerai Dieu, si je me rends semblable à Jésus.

Je serai sauvé, si je suis semblable à Jésus.

Oh ! quel honneur d'être semblable à un Dieu ;

De vivre comme un Dieu ;

De parler comme un Dieu ;

D'agir, de souffrir, et de mourir comme un Dieu !

Mes frères, revêtez-vous de Jésus-Christ, comme d'un habit qui vous couvre de toutes parts.

IIe MÉDITATION.

DE L'AMOUR DE JÉSUS.

Jésus est le plus beau de tous les hommes.

C'est le plus grand de tous les rois.

C'est le plus charitable de tous les pères.

C'est le plus fidèle de tous les amis.

C'est le plus doux de tous les maîtres.

C'est le plus parfait de tous les époux.

Jésus s'est fait homme pour moi, et comme moi.

Il s'est fait pauvre pour moi, et comme moi.

Il s'est rendu misérable pour moi, et comme moi.

Il a souffert la mort pour moi, et comme moi.

Jésus est mon père et mon roi.

Il est mon frère et mon époux.
Il est mon maître et mon pasteur.
Il est mon chef et mon médecin.
Il est mon salut et ma rédemption.
Il est mon espérance et ma consolation.
Jésus m'aime de tout son cœur.
Il est toujours à la porte de mon cœur.
Il me prie de lui donner mon cœur.
Il m'a donné sa vie pour avoir mon cœur.
Je suis un ingrat si je lui refuse mon cœur.
Malheur à celui qui partage son cœur.

—

O amour de tous les amours.
O cœur de tous les cœurs.
Que je vous aime comme vous m'aimez.
Que je vous aime comme vous le méritez.
Rien au-dessus de Jésus.
Rien comme Jésus.
Rien avec Jésus.
Rien après Jésus.

IIIe MÉDITATION.

DES VERTUS DE JÉSUS.

Jésus était pauvre, et je suis riche.
Jésus était humble, et je suis superbe.

Jésus était doux, et je suis colère.

Jésus était patient, et je ne peux rien souffrir.

Jésus a pardonné, et je me veux venger.

Jésus a obéi, et je veux commander.

Jésus a été haï, et je veux être aimé.

Jésus a été méprisé, et je veux être honoré.

Jesus a été caché, et je veux paraître.

Jésus est monté au ciel par la douleur,

Et j'y veux monter par le plaisir.

Est-il juste que l'esclave soit mieux traité que l'enfant?

Et le criminel que l'innocent?

Oh! que je crains d'être réprouvé! étant si peu semblable au premier des prédestinés.

IVᵉ MÉDITATION.

DE LA PERFECTION DU CHRÉTIEN.

Un enfant doit ressembler à son père.

Une image à son original.

Un effet à sa cause.

Un disciple à son maître.

Celui qui n'avance pas dans l'école de Jésus-Christ ne mérite pas d'être son disciple.

Un voyageur qui n'avance pas, ne recule
pas ;

Mais au chemin de la vertu, ne pas avancer
c'est reculer.

Ne pas devenir meilleur, c'est devenir pire.

Ne pas gagner, c'est perdre.

Ne pas s'enrichir, c'est s'appauvrir.

On ne peut demeurer immobile sur un
fleuve :

Il faut monter ou descendre.

On ne peut trouver un point fixe dans la vie :

Tout y est dans le mouvement.

Si vous ne montez pas en haut,

Le torrent de la nature et le penchant de
l'habitude vous entraîneront en bas.

Vous êtes perdu si vous dites, C'est assez.

Si vous croyez n'être plus obligé de travailler,

Vous n'avez pas commencé à bien vivre.

Dieu possède son bonheur

Sans aucun mouvement.

L'Ange est arrivé au sien

Avec peu de mouvement.

L'homme n'arrive au sien

Qu'avec beaucoup de mouvement.

Il lui faut beaucoup travailler pour être parfait.

Il lui faut du temps pour déraciner ses vices.

Il doit faire de grands efforts pour acquérir la vertu.

Il ne sera jamais ni parfait ni heureux,
S'il ne se fait de continuelles violences.

Tout manque à celui qui ne croit manquer de rien.

La grâce ne veut point être stérile.

C'est une semence divine qui doit toujours fructifier.

L'amour ne peut être oisif.

C'est un feu qui ne dit jamais, C'est assez.
Ou il brûle ou il s'éteint.

On coupe l'arbre qui ne rapporte point de fruit.

La stérilité est un crime dans la religion chrétienne.

C'est faire du mal, que de ne pas faire du bien.

———

O mon Dieu,
Que j'ai perdu de temps !
Que j'ai dissipé de grâces !
Que j'ai peu avancé dans la vertu !
Que j'ai peu fait profiter vos talents !
Tout le monde avance.
Il n'y a que moi qui recule.

Chacun se rend parfait dans son art :
Et moi je ne le suis point dans le mien.
L'écolier à force d'étudier devient savant :
Et moi je suis toujours ignorant.

Oh ! que je crains qu'on ne m'ôte les talents
Dont je fais un si mauvais usage !
Oh ! que j'appréhende qu'on ne me jette dans
les ténèbres extérieures,
Comme ce serviteur inutile !
Qu'on ne me coupe comme le figuier maudit,
Et qu'on ne me jette au feu comme lui.
Marchons, car nous avons encore bien du
chemin à faire.
Avançons, car la nuit approche.
Travaillons, car bientôt nous ne le pourrons
plus faire.
Courons sans nous arrêter :
Autrement nous n'arriverons point au terme,
Et nous n'emporterons point le prix.

V_e MÉDITATION.

QU'IL FAUT BIEN FAIRE TOUTES SES ACTIONS.

Dieu veut être honoré de moi par cette action.
Il attend que je le serve en cette action.

Il a attaché sa grâce à cette action.

Il reconnaîtra si je l'aime par cette action.

Sa gloire est dépendante de cette action.

Sa sagesse a disposé cette action.

Sa dignité relève cette action.

Sa sainteté consacre cette action.

Sa volonté commande cette action.

Sa providence ordonne cette action.

Sa grandeur ennoblit cette action.

Son amour exige cette action.

Ma paix est renfermée dans cette action.

Mon mérite découle de cette action.

Ma perfection est attachée à cette action.

Dieu s'offensera si je manque à cette action.

Je n'aurai point les grâces qui suivent cette action.

Peut-être que mon salut dépend de cette action.

—

Oh! je ne veux donc songer qu'à bien faire cette action.

VIe MÉDITATION.

DE LA FIDÉLITÉ DANS LES PETITES CHOSES.

Les grands fleuves naissent d'une petite source ;

Les grands feux, d'une petite étincelle ;

Les grands naufrages, d'une petite ouverture ;

Les grandes chutes, d'un petit péché ;

Les grands malheurs, d'une petite infidélité ;

Le grand dépend du petit.

Le petit conduit au grand.

Celui qui craint ne néglige rien.

Celui qui aime estime tout.

Les grandes actions contentent l'homme.

Les petites contentent Dieu.

Celui qui est infidèle dans les petites, sera infidèle dans les grandes.

Celui qui est fidèle dans les petites, sera fidèle dans les grandes.

Rien n'est petit d'où dépend le salut.

Rien n'est grand s'il n'est joint au petit.

Dieu n'estime que la fidélité.

Elle paraît dans les petites choses.

Faites ce que vous savez, et Dieu vous enseignera ce que vous ne savez pas.

Faites ce que vous pouvez, et Dieu vous aidera à faire ce que vous ne pouvez pas.

—

O mon Dieu !

Puisque je ne vous rends point de grands services, je veux vous en rendre de petits.

Puisque je n'ose entreprendre des choses difficiles, je veux faire tout ce qui m'est facile.

VIIe MÉDITATION.

DES SÉCHERESSES ET DES ARIDITÉS.

Je crois ce que je vois ;
J'espère ce que je touche ;
J'aime ce qui me plaît ;
Je crois dans les lumières ;
J'espère dans le sentiment ;
J'aime dans la consolation :
Voilà la vie des sens.
Je crois ce que je ne vois pas ;
J'espère ce que je ne puis pas ;
J'aime ce qui ne me plaît pas ;
Je crois dans les ténèbres ;
J'espère dans l'abandon ;
J'aime dans la désolation :
Voilà la vie de l'esprit.

—

O mon Dieu, que ma dévotion est sensuelle,
je ne vous ai point encore adoré en esprit.
O heureux état !
Où l'âme voit Dieu sans lumière.
Où elle espère en Dieu sans appui.
Où elle aime Dieu sans attrait.
Voilà le royaume de Jésus-Christ.

VIIIe MÉDITATION.

DES MALADIES.

Je ne puis rien faire, mais je puis souffrir.

Je puis faire beaucoup, si je puis beaucoup souffrir.

Les autres font pour moi, je souffre pour les autres.

Ils honorent Dieu par leurs actions.

Je l'honore par mes souffrances.

J'ai bien mérité ce que j'endure.

Ce que j'endure me fait bien mériter.

J'acquitte le passé, j'amasse pour l'avenir.

Dieu m'ôte la santé pour me donner la sainteté.

Il est avec moi, je souffre avec lui.

Il porte ma croix et je porte la sienne.

Que mon esprit est fort, quand mon corps est faible.

Que mon esprit est faible, quand mon corps est fort.

Je suis dégoûté de la vie.

Mon cœur n'aspire plus qu'au ciel.

Mon corps, il faut faire ton purgatoire.

Si tu ne le fais sur la terre, tu le feras en enfer.

Mon âme, réjouis-toi, ton ennemi est à bas.

—

O mon Dieu, je mérite bien d'être malade, puisque j'ai tant abusé de la santé.

Oh! que je vous suis obligé de m'avoir affligé.

Puisque vous ne m'épargnez point en cette vie, j'espère que vous m'épargnerez en l'autre.

IXe MÉDITATION.

QU'IL FAUT OBÉIR AUX INSPIRATIONS DE DIEU.

L'inspiration est la voix de Dieu qui nous parle.

C'est un souffle de son esprit qui nous anime.

C'est un rayon de sa sagesse qui nous éclaire.

C'est une flamme de son amour qui nous embrase.

C'est une semence divine qui produit les enfants de Dieu.

C'est le principe et le fondement de notre salut.

C'est le prix du sang de Jésus-Christ.

C'est une grâce qui lui a coûté la vie.

Quand vous résistez à une inspiration,
Vous étouffez la voix de Dieu.

Vous faites outrage à son esprit.

Vous vous rendez rebelle à sa lumière.

Vous repoussez les inspirations de son amour.

Vous rendez stérile une semence divine.

Vous foulez aux pieds le sang de Jésus.

Vous ruinez le fondement de votre salut.

Quand vous résistez aux inspirations de Dieu,

Vous tenez la vérité captive dans votre esprit.

Vous ne lui permettez point de descendre dans votre cœur.

Vous arrêtez le cours des grâces qui vous étaient préparées.

Vous traitez mal les ambassadeurs de Dieu.

Vous faites outrage à sa divine parole.

Vous attirez sur vous ses vengeances.

La plus terrible est qu'il ne vous parlera plus.

Ou s'il vous parle, que vous ne l'écouterez plus.

Dieu se tait après avoir parlé.

Il méprise après avoir été méprisé.

Il punit après avoir longtemps pardonné.

Il se cache après s'être fait voir.

Il se retire après avoir longtemps attendu.

Il redemande beaucoup à ceux à qui il a beaucoup donné.

Il châtie sévèrement ceux qui ont reçu ses grâces et qui n'en ont point profité.

O âme rebelle ! ô tête dure !

O cœur incirconcis !

Vous ne cessez de résister au Saint-Esprit.

Vous irritez continuellement son amour.

On va vous ôter les talents dont vous ne profitez point.

On va transporter à un autre le royaume de Dieu que vous n'estimez point.

Dieu ne se fera plus entendre à l'oreille de votre cœur.

Son esprit ne soufflera plus dans l'intérieur de votre âme.

Vous ne sentirez plus les remords de votre conscience.

La parole de Dieu ne vous touchera plus.

Les remèdes communs ne vous profiteront plus.

Les Anges du Seigneur ne vous corrigeront plus.

Le Sauveur du monde ne vous visitera plus.

O mon Dieu !

Je sens bien que vous ne m'avez point encore abandonné :

Parce que votre voix m'étonne et m'épouvante.

Hélas ! je suis cet enfant prodigue qui a dissipé vos biens.

Je suis cet Hérode qui a étouffé votre voix.

Je suis ce serviteur infidèle qui a enfoui vos talents.

Je suis cette perfide Jérusalem qui n'a poin' profité de vos visites.

Oh! je ne veux plus vous faire attendre à la porte de mon cœur :

Mais je veux vous y donner entrée.

Je ne veux plus tenir la vérité captive :

Mais je la veux mettre en liberté.

Je ne veux plus résister à vos grâces :

Mais je veux désormais leur obéir.

Voilà peut-être la dernière fois que vous me visiterez.

Voilà peut-être la dernière fois que vous me parlerez.

Parlez encore, Seigneur : car votre serviteur écoute.

Faites-moi connaître vos volontés,

Afin que je les accomplisse.

Commandez et je vous obéirai.

Pardonnez-moi encore une fois,

Je m'efforcerai de ne plus vous offenser.

X⁰ MÉDITATION.

DE LA CONFORMITÉ AVEC LA VOLONTÉ DE DIEU.

Juger comme Dieu juge, c'est être sage comme Dieu.

Vouloir ce que Dieu veut, c'est être saint comme Dieu.

Son jugement est la règle de nos jugements.

Sa volonté est la règle de nos volontés.

Mon âme, ne veux-tu pas être sujette à Dieu?

Lui feras-tu toujours la guerre?

Veux-tu lutter avec le Tout-Puissant?

As-tu mesuré tes bras avec les siens?

Es-tu plus sage que lui?

Lui enseigneras-tu à gouverner le monde?

Si tu le choques, il te choquera.

Si tu l'affliges, il t'affligera.

Si tu le troubles, il te troublera.

Si tu le condamnes, il te condamnera.

—

O mon Dieu, il n'y a point de plaisir à vous déplaire! depuis que je suis mal avec vous, je suis mal avec moi.

Depuis que je vous fais la guerre, je n'ai point de paix dans moi.

Faites votre volonté de moi, si je ne veux pas faire votre volonté.

Faites-moi servir, si je ne veux pas aimer.

XIᵉ MÉDITATION.

DE L'HUMILITÉ.

Qui êtes vous mon Dieu? et qui suis-je?
Vous êtes tout, et je ne suis rien.
Vous savez tout, et je ne sais rien.
Vous pouvez tout, et je ne puis rien.
Vous faites tout, et je ne fais rien.
Vous êtes le saint des saints.
Je suis le pécheur des pécheurs.
Vous n'êtes que sainteté, je ne suis que péché.
Que je suis fort avec vous!
Que je suis faible sans vous!

Mon âme, humilie-toi, ou Dieu t'humiliera.
Tu peux tout faire, si tu peux t'humilier.
Tu ne peux jeûner, mais tu peux t'humilier.
Tu ne peux pleurer, mais tu peux t'humilier.
Tu ne peux faire oraison, mais tu peux t'humilier.
La vertu d'humilité suplée au défaut de vertu.

Un pécheur est en assurance entre les bras de l'humilité.

O mon Dieu, vous ne mépriserez point un cœur contrit et humilié.

—

Je veux souffrir le mépris.
Je veux mépriser le mépris.
Je veux aimer le mépris.
Je veux chercher le mépris.

XIIe MÉDITATION.

DES HUMILIATIONS DIVINES.

Le verbe était Dieu, et il s'est fait homme.
Il était bienheureux, et il s'est fait misérable.
Il était saint, et il a pris la forme de pécheur.
Il s'est fait homme pour nous communiquer sa divinité.
Il s'est fait misérable pour nous communiquer sa félicité.
Il s'est fait pécheur pour nous communiquer sa sainteté.
O Jésus anéanti sous la forme d'homme!
O Jésus anéanti sous la forme de pécheur!
O Jésus anéanti sous la forme de misérable!
O le plus grand et le plus petit!

O le premier et le dernier !

O le plus élevé et le plus abaissé !

Mon âme, seras-tu superbe, voyant un Dieu anéanti ?

Voudras-tu paraître sainte, le voyant sous la forme de pécheur ?

O néant ! ne t'anéantiras-tu jamais !

Ne seras-tu jamais en ta place ?

Quels biens as-tu faits ?

Quels maux n'as-tu pas faits ?

D'où es-tu venue ?

Où dois-tu aller ?

C'est un orgueil intolérable à l'homme de vouloir s'élever, voyant son humilité.

XIIIᵉ MÉDITATION.

DE LA PATIENCE.

Tout ce que j'endure n'est rien :
Au prix de la peine que j'ai méritée ;
Au prix de la gloire qui m'est préparée ;
Au prix du mal que j'ai commis ;
Au prix du bien que j'ai omis ;
Au prix du ciel qui m'est promis.

Si je suis sans croix, je ne suis point disciple de Jésus.

Si je ne souffre point avec lui, je ne régnerai point avec lui.

Il faut souffrir dans le temps ou dans l'éternité.

On passe des délices aux supplices.

Quand je souffre avec patience,

Jésus est avec moi.

Jésus règne dans moi.

Jésus souffre avec moi.

Je suis la victime de son amour.

Je suis le trône de sa grâce.

Je suis le trophée de sa gloire.

J'acquitte toutes mes dettes.

J'amasse de grands trésors.

Je pratique toutes les vertus.

J'ai la marque des prédestinés.

—

O Jésus mon Sauveur, je veux honorer toutes mes souffrances, puisque vous les avez consacrées.

Je ne sens plus ma croix, quand je songe à la vôtre.

Toute ma consolation est de penser à votre passion.

Votre exemple adoucit toutes mes peines.

Je mourrais de douleur, si je vivais sans douleur.

XIVᵉ MÉDITATION.

DE L'EXERCICE DE LA PATIENCE.

Puisqu'il faut souffrir en ce monde, ne perdons point le fruit de nos souffrances.

Souffrons pour Jésus.

Souffrons avec Jésus.

Souffrons de Jésus.

Souffrons comme Jésus.

Souffrons sans plainte et sans murmure.

Souffrons avec résignation et indifférence.

Souffrons avec force et constance.

Souffrons avec joie et amour.

Souffrons toutes choses.

Souffrons de tout le monde.

Souffrons en tout temps.

Souffrons en toutes manières.

Souffrons les croix.

Adorons les croix.

Aimons les croix.

Cherchons les croix.

—

O sainte Croix !

Je vous adore et je vous embrasse.

Puisque je suis chrétien, et enfant de la croix.

Je veux vivre en votre sein, et mourir entre vos bras.

Vous êtes l'**arbre de vie**, et le salut du monde.

Vous êtes l'asile des pécheurs, et la consolation des affligés.

Oh ! ma plus grande croix sera désormais de vivre sans croix.

XVe MÉDITATION.

DE LA TRISTESSE.

D'où vient que je suis triste ?

-- C'est peut-être que votre cœur est malade.

C'est que vous avez du poison dans l'âme.

C'est que vous êtes esclave de quelque passion.

C'est que vous aimez quelque créature.

C'est que vous nourrissez quelque désir.

C'est que vous voulez ce que vous ne pouvez pas.

C'est que vous ne pouvez pas ce que vous voulez.

C'est que vous ne voulez pas ce que Dieu veut.

C'est que vous voulez ce que Dieu ne veut pas.

C'est que vous ne voulez rien souffrir.

C'est que vous êtes attachée à votre sens.   -
C'est que vous craignez trop le monde.
C'est que vous vous aimez trop vous-même.

—

Oh ! qu'un homme est heureux qui ne désire
que Dieu !

Qu'un homme est joyeux, qui a une bonne
conscience !

Qu'un homme est assuré, qui n'a rien à perdre !

Qu'un homme est content qui fait son devoir !

N'estimez que Dieu, et rien ne vous affligera.

Estimez perdu tout ce que vous pouvez perdre.

Ne vous attachez à rien qui soit périssable.

Quoi que vous perdiez, conservez votre paix.
Vivez bien et vous serez content.

XVIe MÉDITATION.

DU BON USAGE DE LA LANGUE.

Il n'y a point de plus belle science,
Que celle de bien parler.
Jamais vous ne l'apprendrez,
Que vous ne sachiez vous taire.
Parler beaucoup et parler bien,

C'est un secret qu'on n'a pas encore trouvé,
Et que nul homme ne trouvera jamais.
Tout le monde apprend à parler,
Peu de gens apprennent à se taire.
Cependant c'est dans l'école du silence que cette science s'apprend.

Il y a fort peu de sens
Où il y a beaucoup de paroles.
L'homme sage parle peu,
Parce qu'il craint de mal parler.
Il parle longtemps à lui-même,
Avant que de parler aux autres.
L'insensé parle toujours,
Parce qu'il ne pense qu'à parler,
Et ne parle que pour parler.
Il se répand tout au dehors
Parce qu'il ne peut s'entretenir lui-même.
Il parle mal parce qu'il parle toujours.
Il parle toujours avec passion,
Parce qu'il parle par humeur et sans raison.

Dieu a gardé le silence pendant toute l'éternité.
Il n'a dit qu'une parole dont il a créé le monde.
Il ne s'est fait entendre aux hommes,
Que pour les instruire et pour les sauver.
Gardez le silence comme Dieu.
Ne parlez que pour faire du bien.

Une âme qui est remplie de Dieu,
A de la peine à parler aux hommes.
Celui qui parle beaucoup aux hommes,
Montre qu'il est vide de Dieu.
Voulez-vous être parfait ?
Parlez beaucoup à Dieu et fort peu aux hommes.
La solitude et le silence sont les deux écoles de la vertu.
C'est là que Dieu se fait connaître à une âme.
C'est là qu'il éclaire son esprit et qu'il lui parle au cœur.

Tant que vous serez grand parleur,
Vous ne serez jamais homme de bien,
Vous ne serez jamais homme d'oraison,
Vous ne serez jamais ami de Dieu.
Le silence produit l'oraison,
L'oraion produit le silence.
Après que Moïse eut parlé à Dieu,
Il ne pouvait plus parler aux hommes.
Celui qui cherche de la consolation hors de lui-même, montre qu'il n'en trouve point chez lui.
Le Saint-Esprit n'aime point le bruit.
Il nous parle dans le silence.
Quel moyen que vous le puissiez entendre,
Vous qui parlez toujours,

Et qui ne vous entendez pas vous-même?
Le Verbe est descendu du ciel,
Dans le repos et dans le silence de la nuit.

Parlez peu, âme chrétienne.
Ne quittez jamais le silence que pour quelque chose de meilleur.
On ne peut bien parler sans grâce.
La devez-vous espérer en un temps où Dieu vous défend de parler ?
Parlez-vous avec raison,
Quand vous parlez par passion ?

Chacun parle de ce qu'il craint et de ce qu'il aime;
De ce qui lui plait et de ce qui lui déplait.
La langue est l'interprète du cœur.
Celui qui aime le monde,
Parle volontiers du monde.
Celui qui aime Dieu se plait à parler de Dieu.
On connaît l'homme par sa parole.
Craignez donc de parler, de peur de mal parler.

—

Mon Dieu, mettez un frein à ma langue.
Mettez une barrière à ma bouche.
Remplissez mon cœur de votre amour.

Afin que je ne parle que de vous.

Que je sois muet et sans parole,

Quand je voudrai parler d'autre chose que de vous.

Mettez-moi dans ces sacrées solitudes,

Où vous parlez au cœur.

C'est à l'écart et dans le silence,

Que vous vous entretenez avec une âme.

Hors de là vous ne parlez point,

Ou si vous parlez, on ne vous entend point.

XVIIe MÉDITATION.

DE LA CHARITÉ DU PROCHAIN.

Mon prochain est homme comme moi.

Il est formé à l'image de Dieu comme moi.

Il est racheté de son sang comme moi.

Il est un de ses membres comme moi.

Il est enfant de l'Eglise comme moi.

Il est nourri des mêmes sacrements que moi.

Il est destiné au même paradis que moi.

Dieu me commande de l'aimer comme moi.

Jésus m'en prie et me l'ordonne.

Il tient fait à soi-même tout ce qu'on lui fait.

Il l'a substitué en sa place.

Il lui a fait transport de tout ce que je lui dois.

Je ne suis point son disciple, si je ne l'aime point.

Je ne suis point chrétien, si je ne l'assiste point.

Si je le méprise, il me méprisera.

Si je le hais, il me haïra.

Si je l'afflige, il m'affligera.

Si je l'excuse, il m'excusera.

Si je le supporte, il me supportera.

Si je lui pardonne, il me pardonnera.

Comme je le traite il me traitera.

C'est sur sa charité qu'il me jugera.

Oh ! je l'aimerai donc pour être aimé.

Je l'assisterai pour être assisté.

Je le supporterai pour être supporté.

Je le sauverai pour être sauvé.

Je l'aimerai tendrement.

Je l'aimerai universellement.

Je l'aimerai généreusement.

Je l'aimerai constamment.

XVIIIe MÉDITATION.

DU BONHEUR DE L'ÉTAT RELIGIEUX.

La religion est un paradis.

On y voit toujours Dieu.

On y est toujours avec Dieu.

On y fait toujours la volonté de Dieu.

On y tombe rarement.

On y pêche légèrement.

On s'y relève promptement.

On y mérite incessamment.

On y meurt doucement.

On s'y sauve assurément.

—

O que le joug du monde est pesant !

O que ses croix sont fâcheuses !

O que son calice est amer !

O que ses épines sont piquantes !

O que ses exemples sont pestilents !

O que ses conversations sont dangereuses !

O que ses lois sont tyranniques !

O que ses plaisirs sont honteux !

O que ses biens sont de peu de durée !

J'aime mieux être abject dans la maison de Dieu, que de demeurer dans le tabernacle des pécheurs.

XIXe MÉDITATION.

DE LA PAUVRETÉ.

Un pauvre d'esprit ne possède rien.

Un pauvre de cœur ne désire rien.

Il se contente du nécessaire.

Il veut manquer du nécessaire.

Peu de choses manquent à un pauvre content.

Tout manque à un riche avare.

Peu suffit à la nécessité.

Rien ne suffit à la cupidité.

Qu'un homme est riche qui possède Dieu !

Qu'un homme est pauvre qui a perdu Dieu !

Qu'un homme est heureux qui ne veut que Dieu !

Qu'un homme est avare qui ne se peut contenter de Dieu !

Le plein se décharge dans le vide.

Le tout se trouve dans le néant.

Vous aurez tout, si vous ne désirez rien.

Vous trouverez tout quand vous n'aurez rien.

—

O mon Sauveur !

Que c'est un riche héritage que la pauvreté !

Que vous faites de biens à celui qui a tout quitté !

Peut-on naître plus pauvre que vous êtes né ?

Peut-on vivre plus pauvre que vous avez vécu ?

Peut-on mourir plus pauvre que vous êtes mort ?

Vous étiez riche, et vous vous êtes fait pauvre.

Je suis pauvre, et je me veux faire riche.

Bienheureux les pauvres d'esprit, car le royaume des cieux est à eux.

XXe MÉDITATION.

DE LA CHASTETÉ.

Jésus aime les vierges.
Jésus a choisi une mère vierge.
Jésus a chéri un disciple vierge.
Jésus au ciel est suivi de vierges.
Je suis plus qu'ange, si je suis vierge.
Je ressemble à Dieu, si je suis vierge.
J'aurai une auréole, si je suis vierge.
O trésor de la virginité,
Que tu es précieux, mais difficile à conserver !
Il faut être humble pour être chaste.
Dieu humilie les orgueilleux.
Il abaisse ceux qui s'élèvent.
Il punit l'esprit par la chair.
On ne peut commander, si on ne sait obéir.
Le corps obéit à un esprit obéissant.
Il est soumis à un esprit obéissant.

Il est soumis à un esprit soumis.

Il est rebelle à un esprit rebelle.

Celui qui n'obéit pas à son supérieur,

Perd l'empire qu'il a sur son inférieur.

Veillez sur vos sens et priez.

Fuyez les occasions, ou vous périrez.

O mon Dieu !

Laissez-moi plutôt tomber en enfer, que de me laisser tomber dans l'impureté.

XXIe MÉDITATION.

DE L'OBÉISSANCE.

Qu'un homme obéissant est heureux !

Il fait toujours ce que Dieu veut.

Il est en quelque façon impeccable.

Il possède toutes les vertus.

Il est victorieux de tous les vices.

Qu'un sujet rebelle est misérable !

Qu'il est vicieux et imparfait !

Qu'il travaille et qu'il gagne peu !

Qu'il est tenté au corps et en l'âme !

Il combat la volonté de Dieu,

Et Dieu combat la sienne.

Il abandonne l'ordre, et l'ordre l'abandonne.

Il ne veut pas ployer et Dieu le rompt.

Il ne veut pas obéir et Dieu l'écrase.

Il perd l'empire qu'il avait sur son corps,
parce qu'il ne veut pas soumettre son esprit.

Il n'est point obéi de ses inférieurs
Parce qu'il n'obéit point à ses supérieurs.

—

O âme chrétienne et religieuse,
Obéissez en tout ce qui n'est point péché.
Obéissez à tous vos supérieurs.
Obéissez de tout le cœur.
Obéissez de tout l'esprit.
Obéissez volontairement.
Obéissez aveuglément.
Imitez Jésus, obéissant jusqu'à la mort.
Perdez plutôt la vie comme lui,
Que de perdre l'obéissance.

XXIIe MÉDITATION.

REMÈDES A LA TRISTESSE.

Nous craignons plus le mal qu'il n'est à
craindre,
Et nous le sentons plus qu'il n'est sensible.
Nous croyons mauvais ce qui ne l'est pas,
Et nous nous rendons misérables sans sujet.
Nos misères sont des miséricordes.

Nos disgrâces sont des grâces de Dieu :
Elles nous détachent du monde.
Elles nous unissent à Jésus-Christ.
Elles nous font rentrer en nous-mêmes.
Elles nous dégoûtent de la vie.
Elles nous donnent de l'horreur du péché.
Par la peine qu'elles nous en font sentir,
Ce sont des marques de notre salut ;
Ce sont des gages de notre prédestination.
Dieu n'aimait-il pas son Fils ?
Y eut-il un homme plus affligé que lui ?

Si un mal est petit, il est facile à supporter.
S'il est grand, il ne saurait durer.
Un mal qui est violent ne peut être long ;
Ou il ôte la vie, ou il ôte le sentiment.
Il n'y a qu'en enfer où le mal est éternel.
Le temps, sans que nous y pensions, fait nos affaires.
Notre douleur, au pis-aller, ne peut durer plus longtemps que la vie ;
Et qu'est-ce que la vie au prix de l'éternité ?

Nous souffrons autant que nous aimons.
Nos désirs sont nos tyrans et nos bourreaux.
On ne quitte point sans douleur
Ce qu'on possède avec amour.
Si vous ne vous attachez à rien,

Vous ne vous affligerez de rien.

Pour être toujours content,
Il faut chasser le péché de son âme.
C'est ce qui attriste les damnés.
C'est ce qui fait leur enfer.
S'ils étaient sans péché, ils seraient sans douleur.

Quelle joie peut avoir un homme
Qui a chassé Dieu de son âme ?
Quel repos peut avoir un malade,
Qui a du poison sur le cœur, et qui ne le saurait rendre ?

Pour n'être jamais triste,
Il faut corriger son imagination et se gouverner par raison.
Les hommes ne sont misérables,
Que parce qu'ils s'imaginent l'être.
Une douleur serait légère, si l'erreur et l'opinion ne la grossissaient pas.
C'est l'opinion qui fait le mal de tous les hommes.
On ne serait point malheureux, si on ne croyait pas l'être.
Consultez la raison et non pas l'opinion.
Réglez-vous sur la foi et non pas sur les sens,
Et vous cesserez d'être misérable.

On craint le mal à venir dont on est menacé :

Mais n'est-ce pas s'affliger sans sujet,
Que de s'affliger avant que d'en avoir sujet?
Que sert de pleurer un mal passé?
Cela empêche-t-il qu'il ne soit arrivé?
Il faut profiter de ses pertes.
Il faut faire de nécessité vertu.
Faut-il vous rendre misérable,
Parce que vous l'avez été?
Quelle honte à un homme sage,
De ne cesser d'être triste que lorsqu'il est
las de pleurer?
Il vaut mieux quitter la douleur,
Que d'attendre qu'elle nous quitte.

Le passé ne nous regarde plus.
Le futur ne nous regarde point encore.
Le présent n'est rien qu'un moment.
Pourquoi vous rendre industrieux à prolon-
ger vos peines?
Le sage s'accommode avec ses maux,
Quand il ne s'en saurait défaire.
La tristesse augmente les pertes :
Mais elle ne les répare pas.

———

Oh! que nous serions heureux si nous corri-
gions nos idées!
Oh! que nous serions en paix si nous ne dési-
rions rien de périssable!

Oh ! qu'un grand désir est un grand supplice !
Un homme de bien a toujours ce qu'il veut,
Parce qu'il veut toujours ce qu'il a.
Les changements ne le changent point,
Parce qu'il s'appuie sur l'immobile.

XXIIIe MÉDITATION.

DU RECUEILLEMENT.

Le juste périt, et personne n'y pense.
Tout le monde périt, faute d'y penser.
On ne rentre point dans soi-même.
On ne fait point de réflexion sur sa conduite.
On n'examine point les mouvements de son
cœur.
On ne se défie point de la nature corrompue.
On ne veille point sur ses passions.
On ne se tient point sur ses gardes.
On ne se met point en défense contre son
ennemi.
On se trouve damné, pour ainsi dire, sans y
penser.

Il faut, pour se sauver, veiller incessamment
sur soi.
Il faut se demander à toute heure ce qu'on
a fait, et ce qu'on a dit.

Ce retour sur soi-même nous fait remarquer nos fautes ;

Nous découvre notre fragilité ;

Nous fait sentir notre misère ;

Nous établit dans l'humilité ;

Nous fait connaître nos vices ;

Nous fait corriger le mal aussitôt qu'on l'a fait, et l'empêche de prendre racine dans l'âme.

L'oubli de Dieu

Est la source de tous les péchés.

La présence de Dieu

Est la mère de toutes les vertus.

Le recueillement de l'âme fait penser à Dieu.

Il sert de frein à une volonté déréglée.

Il règle les mouvements du cœur et des passions.

Il relève le poids de la nature, qui tend toujours en bas.

Il fixe la légèreté de notre esprit.

Il nous fait discerner les mouvements de la grâce.

Il nous fait agir avec prudence.

Il nous découvre la marche de nos ennemis.

Il nous avertit de leur approche.

Il nous fait recourir à Dieu.

Une âme qui d'heure en heure rentre en

elle-même, connaît ses péchés et en conçoit de l'horreur.

Elle vit dans une grande pureté de conscience.

Elle ne laisse rien entrer dans son âme qui la puisse souiller.

Comme elle fait son examen à chaque heure, elle n'a presque pas besoin de s'examiner le soir.

Elle est toujours prête à se confesser.

Elle est toujours en état de mourir.

Le recueillement empêche l'âme de se répandre au dehors.

Il la tient en tout temps unie à Dieu.

Il la remplit de joie, d'amour et de confiance.

Il exprime dans elle l'image de Dieu.

Il édifie le prochain par sa modestie.

Il épouvante le démon par sa paix.

Il réjouit les anges par sa tranquillité.

Il rend l'homme semblable à Dieu.

N'est-ce pas être en paradis que d'être toujours en la présence de Dieu?

XXIVe MÉDITATON.

DE L'ABANDONNEMENT DE SOI-MÊME ENTRE LES MAINS DE DIEU.

Heureux l'homme qui met sa confiance en Dieu ;

Qui s'abandonne à sa Providence ;

Qui se laisse conduire à sa sagesse ;

Qui se repose sur sa bonté ;

Rien ne le trouble, parce qu'il est sous la protection du Tout-Puissant.

Rien ne l'ébranle, parce qu'il s'appuie sur un fonds immobile.

Rien ne s'oppose à ses désirs, parce qu'il ne désire que ce que Dieu veut.

Tout arrive selon sa volonté, parce qu'il veut tout ce qui lui arrive.

Une âme abandonnée à Dieu, dort avec Jésus-Christ dans la tempête.

Elle est tranquille dans les persécutions.

Elle travaille sans empressement.

Elle fait tout sans inquiétude.

Elle se repose entre les bras de son Sauveur.

Elle n'a soin que de lui plaire.

Elle lui recommande son corps et son esprit, et meurt ainsi à tous ses désirs.

Dieu n'abandonne jamais une âme qui s'abandonne à lui.

Il en prend plus de soin que du reste des créatures.

Il veille quand elle dort.

Il travaille quand elle se repose.

Il la conduit dans ses voyages.

Il la protége dans ses dangers.

Il la défend dans ses combats.

Il la porte dans ses faiblesses.

Il l'exauce dans ses prières.

Il pourvoit à toutes ses nécessités.

Il adoucit toutes ses peines.

Il apaise toutes ses douleurs.

Il prévient tous ses désirs.

Il bénit tous ses desseins.

Il fait réussir toutes ses entreprises.

Ma fille, lui dit Notre Seigneur, songez à moi et je songerai à vous.

Faites ma volonté, et je ferai la vôtre.

Faites mes affaires comme les vôtres :

Et je ferai les vôtres comme les miennes.

Demeurez en repos, et ne désirez rien.

Donnez-moi votre cœur,

Et je vous donnerai le mien.

Seigneur, je ne sais où je suis.

Je ne sais ce que je fais.

Je ne sais si je me sauve.

Je ne sais si je me perds.

Je ne sais si j'avance.

Je ne sais si je recule.

Je ne sais que dire.

Je ne sais que penser.

Dans la confusion de mes pensées et dans le silence de ma bouche, je vous dis sans vous rien dire :

Mon Dieu, je ne désire que vous : mon Dieu, je m'abandonne à vous.

Seigneur, mes amis me trahissent.

Mes ennemis me persécutent.

Je suis consumé de douleurs.

Je suis accablé de misères.

Je n'ai personne qui me console.

Je ne trouve personne qui m'assiste.

Je n'ai plus de goût dans mes dévotions.

Mon esprit est plongé dans les ténèbres.

Mon cœur nage dans l'amertune.

Toutes mes passions se révoltent.

Mes lumières s'évanouissent.

Mes tentations s'augmentent.

Mes forces diminuent.

Je suis sans consolation et sans appui.

Dans cette désolation extrême, tout ce que je puis faire, est de vous dire :

Seigneur, toute ma confiance est en vous : Seigneur, je m'abandonne à vous.

Suis-je en état de grâce ?
Suis-je en état de péché ?
Suis-je digne de haine ?
Suis-je digne d'amour ?
Ma mort sera-t-elle bonne ?
Ma mort sera-t-elle mauvaise ?
Serai-je sauvé ? Serai-je damné ?
Irai-je au ciel ? Irai-je en enfer ?
Tout cela m'est inconnu :
Mais rien de tout cela ne me trouble.
Je mets ma confiance en Dieu.
Je me repose sur sa miséricorde.
Je m'appuie sur les mérites de son fils.
Je lui recommande mon salut.
Je suis en paix quand je lui ai dit :

Seigneur, je ne veux que vous : Seigneur, je m'abandonne à vous.

Que je vive, que je meure.
Que je vive longtemps.
Que je meure bientôt.
Que je sois sain, que je sois malade.
Que je sois riche, que je sois pauvre.
Que je sois estimé, que je sois méprisé.

Que je sois en paix, que je sois en guerre.
Qu'on m'aime, qu'on me haïsse.
Qu'on me recherche ou qu'on m'abandonne.
Tout cela m'est indifférent.
Votre plaisir, ô mon Dieu, fait le mien.
Votre volonté est la mienne.
Toutes mes ténèbres se dissipent.
Toutes mes craintes s'évanouissent.
Toutes mes passions se calment.
Quand je vous ai dit de cœur et de bouche :
Seigneur, je suis content de vous.
Seigneur, je m'abandonne à vous.

ORAISON A N. S. JÉSUS-CHRIST,

QUI PEUT SERVIR D'ACTION DE GRACES APRÈS LA COMMUNION.

Ame de Jésus, sanctifiez-moi.
Sang de Jésus, lavez-moi.
Passion de Jésus, fortifiez-moi.
Plaies de Jésus, guérissez-moi.
Cœur de Jésus, recevez-moi.
Esprit de Jésus, animez-moi.
Bonté de Jésus, pardonnez-moi.
Beauté de Jésus, attirez-moi.

Humilité de Jésus, pénétrez-moi.
Douceur de Jésus, adoucissez-moi.
Paix de Jésus, pacifiez-moi.
Amour de Jésus, embrasez-moi.
Royaume de Jésus, venez en moi.
Grâce de Jésus, remplissez-moi.
Croix de Jésus, consacrez-moi.
Cloux de Jésus, attachez-moi.
Épines de Jésus, couronnez-moi.
Miséricorde de Jésus, sauvez-moi.
Bouche de Jésus, bénissez-moi, à la vie,
à la mort, dans le temps et dans l'éternité.
Ainsi soit-il.

*Il faut s'arrêter à chaque verset et goûter
celui qui touchera le cœur.*

TROISIÈME PARTIE.

POUR LA VIE UNITIVE.

Iʳᵉ MÉDITATION.

DU PUR AMOUR.

L'amour vient de l'unité,
Tend à l'unité,
Aime l'unité,
Repose en l'unité,
Subsiste par l'unité.
C'est un vaisseau sur mer,
Vous le submergez si vous le divisez.
Un cœur droit ne se peut courber.
Un cœur pur ne se peut souiller.
Un cœur libre ne se peut attacher.
Un cœur simple ne se peut diviser.
Malheur à ceux qui ont le cœur double.
Leur ruine est proche et inévitable.
Quoi! Dieu n'a-t-il créé que la moitié de
votre cœur?

N'a- t-il racheté que la moitié de votre cœur?
Ne sauvera-t-il que la moitié de votre cœur?
Pourquoi n'aura-t-il que la moitié de votre
cœur?

Est-ce trop qu'un cœur pour un Dieu?

—

Je vous aimerai, mon Dieu,
De tout mon cœur.
Je ne partagerai jamais mon cœur.
Tout à tout, un à un, seul à seul.
O mon Dieu, mon tout.
Vous m'avez donné tout votre cœur.
Il est juste que vous ayez tout mon cœur.

IIe MÉDITATION.

DE L'UNITÉ DE L'AMOUR.

Je ne puis avoir deux paradis.
Je ne puis servir deux maîtres.
Je ne puis avoir deux époux.
Je ne puis aimer Dieu et le monde,
Il ne faut qu'une âme à un corps,
Qu'un soleil à l'univers,
Qu'un roi à un état,
Qu'un gouverneur de place,
Qu'un pasteur à son troupeau,

Qu'un pilote à un navire,
Qu'un amour à un cœur,
Qu'un Dieu à une créature.

—

O Dieu de mon cœur !
Vous avez toujours été à moi,
Et je n'ai presque jamais été à vous.
Je me suis fait autant d'idoles que j'ai aimé
de choses avec vous.
J'ai divisé ma foi
Quand j'ai divisé ma charité.
J'ai détruit l'un et l'autre
Quand je les ai divisés.
Ah ! je me suis perdu
Quand je ne vous ai point aimé

IIIe MÉDITATION.

DE LA PRÉSENCE DE DIEU.

Dieu est devant moi ;
Il est avec moi ;
Il est dans moi.
Devant moi pour me considérer,
Avec moi pour me gouverner,
Dans moi pour m'animer.
Je dois être devant Dieu, avec Dieu, et dans
Dieu,

Devant Dieu, ne pensant qu'à lui ;
Avec Dieu, ne travaillant que pour lui ;
Dans Dieu, n'aimant rien que lui.
Je ne suis jamais seul :
Dieu est toujours avec moi.
Je ne travaille jamais seul :
Dieu travaille toujours avec moi.
Je ne souffre jamais seul :
Dieu souffre en quelque façon avec moi.

N'est-ce pas être en paradis, que de penser toujours à Dieu ?

N'est-ce pas être en enfer, que de ne penser jamais à Dieu ?

O mon Dieu !
Vous pensez toujours à moi,
Et je ne pense jamais à vous.
Vous êtes toujours avec moi,
Et je ne suis jamais avec vous.

Vous travaillez toujours pour moi, et je ne travaille jamais pour vous.

Hélas ! vous êtes toujours dans moi comme dans un enfer, pour y voir des crimes, et pour y entendre des blasphèmes.

Vous y serez désormais comme dans un paradis, pour y voir de bonnes actions, et pour y entendre vos louanges.

IVᵉ MÉDITATION.

DE L'AMOUR DE DIEU.

Que Dieu est beau,
Puisqu'il a créé tant de belles choses !
Que Dieu est bon,
Puisqu'il a créé tant de bonnes choses !
Qu'il m'a fait de grâces !
Qu'il me promet de biens !
Qui mérite mieux mon cœur que lui ?
Qui m'offre pour l'avoir un plus grand prix
que lui ?
A qui le donnerai-je, sinon à celui qui m'a
donné le sien ?
A qui le vendrai-je, sinon à celui qui l'a
acheté de son sang ?
Un méchant cœur vaut-il le sang d'un Dieu ?
Vaut-il la vie d'un Dieu ?
Vaut-il le cœur d'un Dieu ?
Vaut-il le paradis d'un Dieu ?

—

O mon Dieu !
Je ne mérite pas de vivre, si je veux vivre
pour d'autres que pour vous.

Je ne mérite pas d'avoir un cœur, si je veux aimer quelque autre chose que vous.

Oh ! je vous ai trop tard aimé !

Oh ! je vous ai trop tôt offensé !

Je vous aimerai toujours, et je ne vous offenserai jamais.

Vᵉ MÉDITATION.

DE LA SOLITUDE.

Soyez solitaire de corps.

Soyez solitaire d'esprit.

Soyez solitaire de cœur.

Dieu vous visite, quand vous êtes solitaire de corps.

Dieu vous parle, quand vous êtes solitaire d'esprit.

Dieu vous remplit, quand vous êtes solitaire de cœur.

Si vous ne vous éloignez des créatures, Dieu ne vous saurait visiter.

Si vous ne faites taire les créatures, Dieu ne vous saurait parler.

Si vous ne vous détachez des créatures, Dieu ne vous saurait aimer.

—

O solitude de corps, d'esprit et de cœur.

C'est chez vous qu'on voit, qu'on entend, et qu'on goûte Dieu seul.

Allons dans la solitude, mon bien-aimé, et là vous me parlerez au cœur.

VIᵉ MÉDITATION.

DE L'ANÉANTISSEMENT.

Pour savoir tout, il ne faut savoir rien.
Pour goûter tout, il ne faut goûter rien.
Pour avoir tout, il ne faut avoir rien.
Pour être tout, il ne faut être rien.

—

O mon Dieu!
Vous êtes mon tout, et je ne suis rien.
Vous êtes ma lumière, je ne sais rien.
Vous êtes ma force, je ne puis rien.
Vous êtes ma sainteté, je ne suis bon à rien.
Parlez, mon Dieu, car votre serviteur écoute.
Ma bouche devant vous est sans parole.
Mais vous savez ce que mon cœur vous dit.

—

O bienheureuse l'âme,
Qui écoute Dieu dans le silence de tous ses raisonnements.

Taisez-vous, pensées humaines et charnelles.

Que toute chair se taise en la présence de Dieu.

VIIe MÉDITATION.

DE L'INCOMPRÉHENSIBILITÉ DE DIEU.

Dieu est incompréhensible à tous les temps.

Il est incompréhensible à tous les lieux.

Il est incompréhensible à tous les esprits.

Il est incompréhensible à tous les cœurs.

Tous les temps ne le peuvent mesurer.

Tous les lieux ne le peuvent renfermer.

Tous les esprits ne le sauraient assez connaître.

Tous les cœurs ne le sauraient assez aimer.

Dieu n'est rien de ce que je vois.

Il n'est rien de ce que je touche.

Il n'est rien de ce que je sens.

Il n'est rien de ce que j'entends.

Il n'est rien de ce que je connais.

Il n'est rien de ce que j'imagine.

C'est un être invisible, insensible, incompréhensible.

O mon Dieu !

Que je suis riche, quand je n'ai rien que vous.

Que je suis éclairé, quand je ne vois rien que vous.

Que je suis savant, quand je ne connais rien que vous.

Que je suis content, quand je ne goûte rien que vous.

Je vois tout, quand je ne vois plus rien.

Je goûte tout, quand je ne goûte plus rien.

J'entends tout, quand je n'entends plus rien.

Je possède tout, quand je ne possède plus rien.

Je suis tout, quand je ne suis plus rien.

J'honore la bonté de Dieu, par le sacrifice de tous mes désirs.

J'honore l'incompréhensibilité de Dieu, par le sacrifice de toutes mes pensées.

Videz votre cœur de ses affections, et Dieu le remplira de ses biens.

Videz votre esprit de ses conceptions, et Dieu le remplira de ses lumières.

VIIIe MÉDITATION.

DE LA PLÉNITUDE DE DIEU.

Dieu est suffisant à soi-même.
Il est suffisant à toutes les créatures.
Il est à l'homme tout ce qu'il désire :
La lumière aux aveugles,
La santé aux malades,
La consolation aux affligés,
La force aux infirmes,
La sainteté aux pécheurs,
La vie aux morts,
La paix aux vivants,
Il est tout à tous.

—

O douces paroles, mon Dieu et mon tout !
Qu'elles sont savoureuses à une âme à qui
Dieu est tout, et à qui tout ce qui n'est point
Dieu, n'est rien.
O mon Dieu et mon tout !
Je me lasse de chercher et de méditer,
Je trouve tout en ces deux mots :
Mon Dieu et mon tout !
Tout ce que je lis, et tout ce que j'entends,
occupe mon esprit, mais ne remplit pas mon

cœur. Je trouve partout du vide, et de l'indigence. Il n'y a que vous où je trouve tout ce qu'il me faut.

O mon Dieu et mon tout !

Que je sens de consolation à savourer ces deux paroles !

C'est un miel à ma bouche, et une source d'eau vive à mon cœur.

Mon Dieu et mon tout !

Que puis-je désirer après vous ?

Qui me peut contenter, sinon vous ?

O mon Dieu et mon tout !

Vous serez à jamais mon tout, et les créatures ne me seront jamais rien.

IXe MEDITATION.

DES CINQ DEGRÉS DE PERFECTION.

Il faut être pèlerin sur la terre.

Il faut être crucifié.

Il faut mourir sur la croix.

Il faut être enseveli.

Il faut descendre jusqu'aux enfers.

Le pèlerin ne s'attache à rien.

Le crucifié ne fait plus rien.

La mort ne sent plus rien.

On oublie celui qui est en terre.

On est sans consolation en enfer.

—

O sacré néant,

Où l'âme perd son être pour être transformée en Dieu !

O sépulcres vivants, où les sages bâtissent des solitudes !

O champ évangélique, où le trésor de la grâce est caché !

O terre des vivants, où le grain de froment meurt pour ressusciter !

O Dieu seul ! que vous êtes aimable !

J'aime mieux être en enfer avec vous, que d'être en paradis sans vous.

Oh ! que je sois de ces morts vivants, qui sont navrés d'amour !

Que je dorme avec eux dans le tombeau des sens.

—

O mon Dieu !

Que je meure, afin que vous viviez en moi.

Que je ne sois plus rien, afin que vous soyez tout en moi, tout à moi, et, si je l'ose dire, tout moi.

Xe MÉDITATION

DU PARADIS.

Le paradis est la maison de Dieu.
C'est la terre des vivants.
C'est le royaume de la paix.
C'est le centre du repos.
C'est l'océan de tous les biens.
C'est la fin de tous les maux.
C'est le terme de tous les désirs.
C'est la source de tous les plaisirs.
C'est le trésor de toutes les richesses.
C'est le trésor de toutes les grandeurs.
C'est l'exil de toutes les afflictions.
Là vous verrez et vous aimerez.
Vous posséderez et vous aimerez.
Vous posséderez, et vous jouirez.
Vous aurez tout ce que vous désirez,
Et vous n'aurez rien de ce que vous craignez.
Là, le bien sera sans mal,
Le plaisir sans douleur,
L'abondance sans indigence,
La santé sans maladie,
La vie sans mort,
Le repos sans inquiétude.

Oh ! quelle satisfaction :
De voir tout ce qu'il y a de beau,
D'aimer tout ce qu'il y a de bon,
De posséder tout ce qu'il y a de grand,
De goûter tout ce qu'il y a de doux,
De voir la première vérité,
D'aimer la première beauté,
De posséder le souverain bien,
De goûter le souverain plaisir !
O Dieu des vertus !
Que vos tabernacles sont aimables !
Mon âme languit et se consume de désir
d'entrer en votre maison.
Oh ! que je suis misérable ici-bas!
Oh ! que je serai heureux là-haut !
Mon âme. si tu aimes les biens du temps,
Tu n'auras point ceux de l'éternité.
Si tu as les satisfactions de la terre,
Tu n'auras point celles du Ciel.
Oh! que je suis dégoûté de la terre,
Quand j'élève les yeux aux ciel !

—

Mon Dieu,
Que je meure au plus tôt pour vous voir, puisqu'on ne vous peut voir si on ne meurt.

XIe MEDITATION.

DES PERFECTIONS DIVINES.

Sagesse de mon Dieu, gouvernez-moi.
Puissance de mon Dieu, fortifiez-moi.
Bonté de mon Dieu, pardonnez-moi.
Esprit de mon Dieu, vivifiez-moi.
Amour de mon Dieu, embrasez-moi.
Volonté de mon Dieu, disposez de moi.
Sainteté de mon Dieu, sanctifiez-moi.
Charité de mon Dieu, consolez-moi.
Majesté de mon Dieu, régnez en moi.
Immensité de mon Dieu, remplissez-moi.
Lumiere de mon Dieu, éclairez-moi.
Miséricorde de mon Dieu, sauvez-moi.
Beauté de mon Dieu, détachez-moi.
Douceur de mon Dieu, pénétrez-moi.
Etre de mon Dieu, anéantissez-moi.
Paix de mon Dieu, pacifiez-moi.
Repos de mon Dieu, demeurez en moi.
Très-sainte Trinité, bénissez-moi à la vie,
A la mort, dans le temps et dans l'éternité.
Ainsi soit il.

XVᵉ MÉDITATION.

LA JOIE D'UNE BONNE AME AUX APPROCHES DE LA MORT.

On quitte sans peine ce qu'on n'aime pas.

On sort volontiers d'un lieu qui ne plaît point.

Le prisonnier a de la joie, quand on le met en liberté :

Le banni, quand il retourne à sa chère patrie ;

Le pilote, quand après beaucoup d'orages il entre dans le port ;

Le soldat qui sort victorieux du combat ;

Le voyageur qui revoit sa famille ;

Le malade qui est délivré de cuisantes douleurs ;

L'aveugle qui a recouvré la vue ;

Le pauvre qui se voit riche en un moment.

Telle est la joie d'un juste mourant.

Quelle satisfaction lorsqu'on lui dit,

Qu'il va posséder Dieu et jouir de sa présence ;

Qu'il va manger à sa table et se reposer sur son sein ;

Qu'il va se transformer en lui et régner
avec lui ;
Qu'il va passer du temps à l'éternité,
De la figure à la vérité,
Du changement à l'immutabilité,
De la mort à l'immortalité,
De la misère à la félicité !

Quelle joie quand on lui dit,
Qu'il va à la maison du Seigneur,
Au palais de la gloire,
A la terre des vivants,
Et aux noces de l'Agneau !
Qu'il va voir ce que l'œil n'a point vu,
Entendre ce que l'oreille n'a jamais entendu,
Posséder ce que le cœur humain n'a jamais
conçu ;
Qu'il s'en va en un lieu où il trouvera tout
ce qu'il désire,
Où il ne trouvera rien de ce qu'il craint,
Où il n'aura plus aucun mal,
Où il ne manquera plus d'aucun bien,
Où il ne sera plus sujet à pécher,
Où il ne sera plus en danger d'être damné,
Où il verra Dieu, où il l'aimera et le louera
Pendant toute l'éternité !

Allons, dit-il, mon âme,
Quittons cette misérable vie.

Sortons de ce misérable corps.
Que crains tu?
Jésus est mort pour toi.
Il a satisfait pour tes péchés.
Il a payé toutes tes dettes.
Il s'est constitué ta caution.
Il a répondu pour toi,
Et t'a promis son paradis,
Pourvu que tu espères en lui.
Tu n'as point fait de bien :
Mais il en a fait pour toi.
Tu n'as point souffert :
Mais il a souffert pour toi.
Tu n'as point fait de pénitence :
Mais il en a fait pour toi.
Il t'a fait un transport de tous ses mérites.
Il t'a donné son corps et son sang en gage.
Il t'a préservé d'une infinité de dangers.
Il t'a comblé de ses miséricordes.
Quel sujet as-tu de te défier de lui ?

S'il voulait te perdre,
Serait-il mort pour toi?
T'aurait-il si longtemps conservé la vie?
T'aurait-il attendu avec tant de patience ?
T'aurait-il éclairé de tant de lumières?
T'aurait-il appelé avec tant d'amour?
T'aurait-il favorisé de tant de grâces ?

T'aurait-il donné le temps de te reconnaître
Et de lui demander pardon?

T'aurait-il visité dans ta maladie?

T'aurait-il fait la grâce de recevoir les sacrements?

Mon âme, pourquoi te troubles-tu?

Il ne faut qu'un soupir pour gagner le ciel.

Si tu gémis, tu seras sauvée;

Si tu te convertis du fond du cœur, tes péchés te seront pardonnés.

Une pénitence n'est jamais hors de saison,
Lorsqu'elle est sincère et véritable.

On ne se convertit jamais trop tard,
Lorsqu'on se convertit du fond du cœur.

Allons, et mourons avec Jésus.

Le voilà qui m'appelle et qui me tend les
bras.

Le voilà qui prie pour moi, quoique je sois
son ennemi.

Il demande pardon pour tous ceux qui l'ont
fait mourir, dont je suis le premier.

Il baisse la tête, pour donner le baiser de
paix.

Il étend les bras pour m'embrasser.

Il a le cœur ouvert pour m'y faire entrer.

Il a répandu jusqu'à la dernière goutte de
son sang pour me racheter.

Mourons, j'en suis content, puisque Dieu le veut.

Mourons pour sa gloire.

Mourons pour son amour.

Mourons pour reconnaître les biens qu'il nous a faits.

Mourons pour satisfaire à sa justice que nous avons offensée.

Mourons en punition de nos péchés.

Mourons pour lui, puisqu'il est mort pour nous.

Mourons pour le voir, puisqu'on ne peut le voir sans mourir.

QUATRIÈME PARTIE.

CANTIQUES D'AMOUR.

Ier CANTIQUE D'AMOUR.

Dieu est dans moi, et je suis dans lui.
Dieu est à moi, et je suis à lui.
Dieu est pour moi, et je suis pour lui.
Dieu songe à moi, et je songe à lui.
Dieu repose en moi, et je repose en lui.

O mon Dieu, mon tout !
Qu'est-ce que je cherche et que je désire
après vous?

IIe CANTIQUE D'AMOUR.

Rien comme Dieu.
Rien plus que Dieu.
Rien après Dieu.
Rien avec Dieu.

Un à un.

Seul à seul.

Tout à tout.

Cœur à cœur.

—

O mon Dieu !

Qu'y a-t-il, au ciel et en la terre, qui soit aimable comme vous?

—

IIIe CANTIQUE D'AMOUR.

Tout mon désir est de ne désirer rien.

Toute ma volonté est de ne vouloir rien.

Tout mon soin est de ne me soucier de rien.

Tout mon bien est de ne posséder rien.

J'ai trouvé le bien-aimé de mon cœur.

Je le tiens, je ne le laisserai point aller.

Je le cherchais hors de moi, et je l'ai trouvé dans moi.

Je le cherchais dans le tumulte, je l'ai trouvé dans la paix.

Je le cherchais dans mon esprit, et l'ai trouvé dans mon cœur.

Je le cherchais dans le jour, et je l'ai trouvé dans la nuit.

Je ne l'ai pas vu, mais je l'ai touché.

Je ne l'ai pas entendu, mais je l'ai embrassé.

O bien-heureux ceux qui sont appelés aux noces de l'Agneau !

IVᵉ CANTIQUE D'AMOUR.

Je ne vois plus rien, et je vois tout.
Je n'entends plus rien, et j'entends tout.
Je ne goûte plus rien, et je goûte tout.
Je ne sens plus rien, et je sens tout.
Je n'ai plus rien, et j'ai tout.
Je ne suis plus rien, et je suis tout.

O le bien-aimé de mon cœur !
Vous êtes dans moi, quand je vous crois loin de moi.
Vous êtes esprit et non pas corps.
Vous êtes vérité et non pas figure.
Si je me vuide, vous me remplirez.
Si je ne désire rien, vous me contenterez.

Vᵉ CANTIQUE D'AMOUR.

Vivre et ne point vivre.
Mourir et ne point mourir.

Être et ne plus être.

Voir et ne plus voir.

Penser sans penser.

Vouloir sans vouloir.

Agir sans agir.

Souffrir sans souffrir.

Ce sont mystères d'amour, qu'on apprend dans l'école de l'amour.

Filles de Jérusalem,

Gardez-vous bien d'éveiller ma bien-aimée, laissez-la dans ce sommeil d'amour.

Mes chères compagnes,

Si vous rencontrez mon bien-aimé, dites lui que je languis d'amour.

Mettez-moi comme un sceau sur votre cœur ;

Comme un sceau sur votre bras.

Car l'amour est fort comme la mort.

VIe CANTIQUE D'AMOUR.

Dites-moi, mon bien-aimé, où vous prenez votre repos, où vous prenez votre repas ?

C'est dans un cœur pur et détaché.

C'est là le lieu de mon repos.

C'est là le paradis de mes délices.

Point de bruit dans la maison de Dieu.

Silence dans le paradis.

Seigneur, je ne puis plus parler,

Depuis que vous m'avez parlé.

Je suis plein de pensées, et je n'ai plus de paroles.

Vous avez lié ma langue et interdit mes sens.

—

O mon cœur !

Garde bien le trésor que tu possèdes.

L'époux entre les portes fermées.

Il sort quand elles sont ouvertes.

Ferme sur toi toutes les portes des sens.

Paix, silence, amour, secret.

Voilà ce qui met l'âme en sûreté.

VIIe CANTIQUE D'AMOUR.

J'ai tout perdu, je n'ai plus rien à perdre.

J'ai tout trouvé, je n'ai plus rien à chercher.

Je suis content, je ne désire plus rien.

Je suis abandonné, je ne crains plus rien.

J'ai tout quitté pour Dieu.

J'ai tout trouvé en Dieu.

Il s'est donné à moi.

Je me suis donné à lui.

Il m'a visité la nuit dans le silence de mes pensées et de mes désirs.

Oh ! que cette heure est douce !

Mais qu'elle est courte !

Que toute chair se taise en la présence du Seigneur.

VIIIe CANTIQUE D'AMOUR.

Je ne sais où je suis.

Je ne sais d'où je viens.

Je ne sais où je vas.

Je ne sais ce que je deviendrai.

Je suis tombé du Ciel dans les enfers.

Mon Époux m'a abandonné.

Si je ne le vois, et si je ne le touche,

Je ne croirai point qu'il soit ressuscité.

O Épouse infidèle, pourquoi pleures-tu ?

L'Époux est au fond de ton cœur.

C'est là le paradis où il s'est retiré.

Si tu ne quittes la chair, tu n'auras point l'esprit.

Si tu ne meurs aux sens, tu n'auras point sa grâce.

Si tu ne crois, tu ne le verras point.

Si tu n'espères, tu ne le toucheras point.

Heureux ceux qui ont cru, et qui n'ont point vu !

Pourquoi chercher le vivant parmi les
morts,
  L'esprit parmi les sens,
  La grâce parmi la nature,
  La charité parmi les délices?
  Il te faut perdre quand il se perd,
  Te cacher quand il se cache.
  Te détruire quand il se détruit,
  T'abandonner quand il t'abandonne.
  Quiconque se perdra, le trouvera.

IXe CANTIQUE D'AMOUR.

  Je crois, je ne veux point voir.
  J'espère, je ne veux point toucher.
  J'aime uniquement pour aimer.
  Je suis menacé de la mort.
  Je suis environné de ténèbres.
  Je suis battu de tempêtes.
  Je suis aux portes de l'enfer.
  L'amour est plus fort que la mort.
  Il met son lit dans les ténèbres.
  Il dort au milieu des tempêtes.
  Il trouve le ciel dans l'enfer.
  Il porte partout son paradis.
  Il veut tout et ne veut rien.

Il possède tout, et ne demande rien.

A qui Dieu est tout, tout le reste n'est rien.

Xe CANTIQUE D'AMOUR.

Mon bien-aimé pense à moi et je pense toujours à lui.

Mon bien-aimé travaille pour moi, et je travaille toujours pour lui.

Mon bien-aimé se repose en moi, et je m^e repose toujours en lui.

Mon cœur lui suffit, et il suffit à mon cœur.

Il est content de moi, pourvu que je sois content de lui.

Voici le cantique d'amour, que je chante nuit et jour :

Je n'ai qu'un soin, de n'en avoir point.

Je ne veux qu'un bien, de ne vouloir rien.

Vivre sans soin et sans désir.

C'est toute ma vie et tout mon plaisir.

XIe CANTIQUE D'AMOUR.

Qu'est-ce que je sens dans le fond de mon âme ?

Qu'est-ce qui se passe au milieu de mon
cœur ?

Les noces se font en Cana.

Jésus a fait un miracle, il a changé l'eau en
vin.

L'Époux est entré à minuit,
Les portes des sens étant fermées.
Je le vois sans le voir.
Je le connais sans le connaître.
Mon œil ne l'a point vu passer.
Mon oreille ne l'a point entendu marcher.
Je sens l'odeur de ses parfums.
Je goûte le miel de ses douceurs.
Je le touche sans le voir.
Je le sens sans le sentir.
Si cela dure longtemps,
Il me faudra mourir.
Retirons-nous à la campagne,
On nous voit, on nous entend.
Cachons-nous dans la nuit.
Silence, point de bruit.

XIIe. — CANTIQUE D'AMOUR.

Retirez-vous de moi, mon bien-aimé,
Mais ne retirez pas votre amour.

Retirez vos douceurs.
Laissez-moi vos douleurs.
Tirez votre paradis dans mon âme;
Ou tirez mon âme dans votre paradis.
Je ne puis avoir de joie,
Si je ne suis sur une croix.
Si vous ne me faites souffrir,
Vous m'allez faire mourir.
C'est assez de douceurs,
C'est trop peu de douleurs.
O mon Dieu, mon amour.
Tout mon plaisir est de souffrir.
Tout mon désir est de mourir.
Mon âme,
Chante à jamais ce beau cantique d'amour.
Je veux contenter Dieu.
Je veux me contenter de Dieu.

XIIIᵉ. — CANTIQUE D'AMOUR.

Toute ma gloire est d'être méprisé pour vous.
Tout mon trésor est de ne posséder que vous.
Tout mon plaisir est de souffrir pour vous.
Je vis, je ne vis plus.
Il n'y a plus de moi dans moi.
Vous et moi nous ne sommes plus qu'un.

Toutes mes propriétés sont perdues.
Toutes mes substances sont détruites.
Tous mes désirs sont éteints ;
Tout mon être, anéanti.
Je ne travaille plus que pour vous.
Je ne respire plus que par vous.
Je ne subsiste plus qu'en vous.
Vous dans moi, moi dans vous.
Vous pour moi, moi pour vous.
Etre où vous voulez,
Vouloir ce que vous voulez,
Faire ce que vous voulez,
Souffrir ce que vous voulez,
C'est ce qui rend les hommes heureux et
parfaits.

CINQUIÈME PARTIE.

POUR LES AMES QUI SONT DANS L'UNION,

PAROLES D'AMOUR,

TIRÉES DE L'ÉCRITURE SAINTE, ET DU LIVRE DE L'IMITATION DE JÉSUS-CHRIST.

Il faut choisir celles qu'on trouve conformes à sa disposition.

Je suis à mon bien-aimé, mon bien-aimé est à moi. *Cant.* 2.

—

J'ai trouvé celui que mon âme chérit. *Cant.* 3.

—

Je vous conjure, filles de Jérusalem, de ne point éveiller ma bien-aimée. *Cant.* 2.

—

Je dors et mon cœur veille. *Cant.* 5.

—

Mettez-moi comme un sceau sur votre cœur, comme un sceau sur votre bras, parce que l'amour est fort comme la mort.

Qu'il me donne un baiser de sa bouche. *Cant.* 1.

—

Je me suis reposé à l'ombre de celui que j'aime. *Cant.* **2**.

—

Mon âme s'est fondue comme la cire, aussitôt que mon bien-aimé a parlé. *Cant.* 5.

—

Je l'ai cherché, et je ne l'ai point trouvé; je l'ai appelé, et il ne m'a point répondu. *Cant.* 5.

—

Que désiré-je dans le ciel, sinon vous? et qu'ai-je souhaité sur la terre, que vous seul? *Psal.* 72.

—

Ma chair et mon cœur ont langui d'amour. O Dieu! vous êtes le Dieu de mon cœur, et mon partage pour jamais. *Psal.* 72.

—

Qu'est-ce que je désire, et qu'est-ce que j'attends, sinon vous, mon Seigneur? *Psal.* 38.

—

J'ai dit au Seigneur: Vous êtes mon Dieu, vous n'avez point besoin de mes biens. *Psal.* 15.

—

Le Seigneur est tout mon bien, et le partage

qui m'est échu, c'est vous qui me rétablirez mon héritage. *Psal.* 15.

—

Mon cœur vous a parlé, mon visage vous a cherché. Seigneur, je chercherai votre visage, ne me cachez point votre face, et ne vous détournez point de votre serviteur en votre colère. *Psal.* 26.

—

Mon Dieu, mon Seigneur, tout mon désir est devant vous. *Psal.* 37.

—

Un fleuve impétueux réjouit la cité de Dieu, le Très-haut a sanctifié sa demeure, Dieu est au milieu d'elle, elle ne sera point ébranlée, Dieu la secourra au matin dès le point du jour. *Ps.* 45.

—

Le Seigneur des armées est avec nous, le Dieu de Jacob est notre protecteur. *Psal.* 45.

—

Je dormirai, et je me reposerai dans la paix, et sur lui-même, parce que c'est vous, Seigneur, qui m'avez seul affermi dans l'espérance. *Psal.* 4.

—

C'est ici mon repos dans le siècle des siècles; je demeurerai ici, parce que c'est le lieu que j'ai choisi. *Psal.* 131.

—

Il s'est caché dans les ténèbres, il s'est couvert de tous côtés comme d'une tente. *Psal.* 17.

—

Après qu'il aura laissé dormir ses bien-aimés, voici l'héritage du Seigneur. *Psal.* 126.

—

Je suis à vous, sauvez-moi. *Psal.* 118.

—

Que ceux qui aiment votre loi, jouissent d'une profonde paix. *Psal.* 118.

—

Vous bénirez votre peuple dans la paix. *Psal.* 18.

—

Mon âme, entre dans ton repos, puisque le Seigneur t'a fait miséricorde. *Psal.* 114.

—

Mon âme s'est enflammée au dedans de moi, et il s'allumera un feu pendant que je méditerai. *Psal.* 38.

—

J'ai attendu le Seigneur avec grande patience, et enfin il m'a écouté. *Psal.* 39.

—

J'écouterai ce que mon Seigneur et mon Dieu dira en moi, parce qu'il annoncera la paix à son peuple. *Psal* 84.

—

Si le Seigneur ne garde la ville, c'est en vain que veille celui qui la garde. *Psal.* 126.

—

Ma prière retournera dans mon sein. *Psal.* 34.
Pour moi, mon bien est de me tenir uni à Dieu, et de mettre mon espérance au Seigneur mon Dieu. *Psal.* 72.

—

J'ai élevé mes yeux vers vous, ô Dieu qui habitez dans les cieux ; comme les yeux des serviteurs sont fixés sur les mains de leurs maîtres, et les yeux de la servante sur les mains de sa maîtresse ; ainsi nos yeux regardent le Seigneur jusqu'à ce qu'il ait pitié de nous. *Psal.* 122.

—

Je suis votre serviteur, donnez moi de l'esprit. *Psal.* 108.

—

Quand je marcherais au milieu de l'ombre de la mort, je ne craindrai point les maux, parce que vous êtes avec moi. *Psal.* 22.

—

Dieu de mon cœur, et mon partage pour jamais. *Psal.* 72.

—

Moïse ayant mené son troupeau dans le désert, vint à la montagne de Dieu nommée Horeb, qui signifie vue de Dieu. *Exod.* 3.

—

J'ai dressé mon lit dans les ténèbres. *Job.* 17.
Que nul homme ne me regarde. *Job.* 7.

—

Le Seigneur n'est point dans le trouble et dans l'agitation. 3. *Reg. c.* 4.

—

Voici mon Dieu, et mon Sauveur, je traiterai confidemment avec lui, et je ne craindrai point, parce qu'il est ma force, **ma** louange et mon salut. *Is.* 12.

—

Vous êtes dans nous, Seigneur, et votre nom a été invoqué sur nous, ne nous abandonnez pas. *Jér.* 14.

—

Que toute chair soit dans le silence en la présence du Seigneur. *Zach.* 2.

—

J'ai un peu travaillé, et j'ai trouvé un grand repos. *Eccl.* 51.

—

J'ai cherché partout du repos, et je m'établirai dans l'héritage du Seigneur. *Eccl.* 24.

—

Qui perdra son âme, la trouvera. *Matth.* 5.

Le Saint-Esprit descendra sur vous, et la vertu du très-haut vous couvrira de son ombre. *Luc*, 1.

—

Mon Seigneur et mon Dieu! *Joan.* 20.

—

La paix soit avec vous, ne craignez point, c'est moi. *Luc*, 24.

—

Je vous donne ma paix. *Joan.* 14.

—

Voici l'époux qui vient. *Matth.* 25.

—

Celles qui étaient préparées entrèrent avec lui, et la porte fut fermée. *Matth.* 25.

—

C'est le Seigneur. *Joan.* 21.

—

Pourquoi craignez-vous, hommes de peu de foi? Il commanda aux vents et à la mer, et il se fit un grand calme. *Matth.* 8.

—

Demeurez dans moi, et je demeurerai dans vous. *Joan.* 15.

—

Soyez semblable à des hommes qui attendent leur Seigneur, quand il retournera des noces, afin qu'ils lui ouvrent aussitôt qu'il frappera. *Luc*, 12.

—

Que la paix de Dieu qui surpasse toute pensée, garde vos cœurs et vos esprits en Jésus-Christ. *Philip.* 4.

—

Vous êtes morts, et votre vie est cachée avec Jésus-Christ en Dieu. *Col.* 3.

—

Heureux sont les morts qui meurent dans le Seigneur! l'esprit dit : Ils se reposeront de leurs travaux, car leurs œuvres les accompagnent et les suivent. *Apoc.* 14.

—

Nous viendrons à lui, et nous ferons notre demeure chez lui. *Joan.* 14.

—

Le disciple que Jésus aimait se reposa sur son sein en la Cène. *Joan.* 21.

—

C'est en lui que nous vivons, que nous nous mouvons, et que nous sommes. *Act.* 17.

—

C'est lui qui est notre paix. *Ephes.* 2.

PAROLES

TIRÉES DU LIVRE DE L'IMITATION DE
JÉSUS-CHRIST.

Heureux celui que la vérité enseigne par elle-même, et non point par figures, et par les paroles qui passent. *Liv.* I, *c.* 3.

—

Tout procède d'une parole, et tout dit une parole. *Liv.* I, *c.* 3.

—

Celui à qui tout est un, et qui réduit tout à l'unité, et qui voit tout dans l'unité, peut être stable en son cœur, et demeurer tranquille en Dieu. *Liv.* I, *c.* 3.

—

O vérité, mon Dieu, faites-moi une même chose avec vous. *Liv.* I, *c.* 3.

—

Il m'ennuie souvent de lire, et d'entendre tant de choses ; c'est en vous qu'est tout ce que je veux et ce que je désire. *Liv.* I, *c.* 3.

—

Que tous les docteurs se taisent, que toutes les créatures soient dans le silence en votre présence, parlez-moi vous seul. *Liv.* I, *c.* 3.

—

Le royaume des cieux est dans vous; le royaume de Dieu est paix et joie dans le Saint-Esprit. *Liv.* ii, *c.* 1.

—

Quand vous aurez Jésus, vous serez riche, et il vous suffira. *Liv.* ii, *c.* 1.

—

O Jésus splendeur de la gloire éternelle, consolation d'une âme éternelle, consolation d'une âme qui voyage, ma bouche est devant vous sans parole, et mon silence vous explique le désir de mon cœur. *Liv.* iii, *c.* 21.

Tout ce chapitre est divin, et convient à une âme qui aspire à l'union, et qui est dans la privation.

—

J'écouterai ce que mon Seigneur me dira intérieurement. Bienheureuse l'âme qui écoute le Seigneur qui lui parle, et qui reçoit de sa bouche une parole de consolation ! *Liv.* iii, *c.* i.

—

Voici ce que vous dit votre bien-aimé, je suis votre salut, votre paix et votre vie. *Liv.* iii, *c.* 1.

—

Parlez, Seigneur, car votre serviteur écoute; je suis votre serviteur, donnez-moi de l'esprit. *Liv.* iii, *c.* 2.

Seigneur mon Dieu, vous êtes tout mon bien ; souvenez-vous, Seigneur, que je ne suis rien, que je n'ai rien, et que je ne vaux rien. *Liv*, III, *c.* 2.

—

Il n'y a que vous, Seigneur, qui soyez bon, juste et saint. Vous seul pouvez tout, donnez tout et remplissez tout ; il n'y a que le pécheur que vous laissez vide. *Liv*, III, *c.* 2.

—

Ah ! Seigneur mon Dieu, mon saint amour, quand vous viendrez dans mon cœur, tout mon intérieur s'épanouira de joie. *Liv*, III, *c.* 5.

—

Vous êtes ma gloire, et la joie de mon cœur, vous êtes mon espérance et mon refuge. *Liv*, III, c. 5.

Mon Dieu mon amour, vous êtes tout mien, et je suis tout vôtre. *Liv*, III, *c.* 5.

—

Vous suffisez à celui qui aime, et hors de vous toutes choses sont frivoles. *Liv*, III, *c.* 5.

—

Vous êtes la vraie paix du cœur, vous êtes le seul repos, hors de vous tout est dur et inquiet. En cette paix, en lui-même, c'est-à-dire en vous, qui êtes le seul bien souverain et éternel, je dormirai et je reposerai. *Liv*, III, *c.* 15.

Mon âme, sur tout et par-dessus tout, tu te reposeras toujours en Dieu ton Seigneur, parce qu'il est le vrai repos éternel. *Liv.* III, *c.* **21.**

———

Mon cœur ne peut être dans un vrai repos, ni dans un parfait contentement, s'il ne repose en vous. *Liv.* III, *c.* **21.**

———

Oh quand me sera-t-il permis, Seigneur mon Dieu, de goûter et de voir combien vous êtes doux? quand pourrai-je me recueillir parfaitement en vous, de telle sorte que par l'excès de votre amour, je ne me sente plus moi-même, mais vous seul par-dessus tout sentiment, d'une manière qui n'est pas connue de tous. *Liv.* III, *c.* **21.**

———

Lisez le chapitre 48 du livre III, qui est d'une douceur et d'une consolation infinie.

———

Mon fils, autant que tu pourras sortir de toi, autant pourras-tu passer en moi. Comme il ne faut rien désirer hors de soi pour avoir la paix du cœur, aussi faut-il se délaisser intérieurement soi-même pour s'unir à Dieu. Suis-moi, je suis la voie, la vérité et la vie. *Liv.* III, *c.* **56.**

———

Mon Dieu, qu'elle confiance puis-je avoir en

cette vie, sinon en vous ? et quelle consolation puis-je espérer, sinon de vous ? quand me suis-je bien trouvé sans vous ? quand me suis-je trouvé mal avec vous ? *Liv.* iii, *c.* 59.

———

J'aime mieux être pauvre pour vous, que d'être riche sans vous. J'aime mieux voyager sur la terre en votre compagnie, que de posséder le ciel en votre absence ; le paradis est partout où vous êtes, et l'enfer partout où vous n'êtes point. *Liv.* i, *c.* 59.

———

Lisez tout ce chapitre qui est le dernier du livre III, et vous y trouverez beaucoup de consolation.

———

Qui me fera le bien, mon Seigneur, que je vous trouve seul, et que je vous offre mon cœur, et que je jouisse de vous comme désire mon âme, que nulle créature ne me touche, et ne me regarde, mais que vous me parliez tout seul, et que je parle à vous seul, comme un ami parle à son ami *Liv.* iv, *c.* 13.

———

Ah ! Seigneur mon Dieu, quand vous serai-je tout-à-fait uni, et tout transporté en vous, de sorte que je m'oublie entièrement de moi-même ! *Liv.* iv, *c.* 13.

Soyez dans moi et moi dans vous, et faites-moi cette grâce, que nous demeurions tous deux ensemble. Véritablement vous êtes mon bien-aimé que j'ai chosi entre mille, et dans lequel mon âme désire demeurer tous les jours de ma vie. *Liv*. iv, c. 13.

—

O véritablement vous êtes mon pacifique, dans lequel je trouve une paix profonde et un véritable repos, hors duquel il n'y a que travail et misère. *Liv*. iv, c, 13.

—

O véritablement vous êtes un Dieu caché, et votre conseil n'est point avec les impies; mais c'est aux humbles et aux simples que vous vous communiquez. *Liv*. iv, c. 13.

—

O mon Dieu, que votre esprit est doux ! vous donnez à vos enfants la manne du ciel et le pain des anges, pour leur montrer votre douceur. *Liv*. iv , c. 13.

—

O véritablement il n'y a point de nation sur la terre, si honorée qu'elle soit, qui ait des Dieux si familiers que le nôtre, qui demeure toujours avec nous. *Liv*. iv, c. 13.

—

O Jésus splendeur de la gloire éternelle,

consolation d'une âme qui voyage, ma bouche est devant vous sans parole, et mon silence vous explique le désir de mon cœur *Liv*, iv, c. **21**.

—

Ces paroles, tirées du Livre de l'Imitation de Jésus-Christ, *peuvent occuper une âme après la communion, et pendant son oraison, et lui donner beaucoup d'amour et de consolation.*

ORAISON A JESUS-CHRIST

DANS LES SEPT STATIONS DE SES SOUFFRANCES.

Qu'il est bon de réciter en entendant la Messe, avant la Confession, après la Communion, quand on est malade, et tous les vendredis au pied de la Croix.

Iʳᵉ STATION.

O Jésus, mon Sauveur, qui avez sué le sang et l'eau dans le jardin des Olives à la vue de mes péchés, et de vos tourments, et qui vous êtes dépouillé de votre force pour vous revêtir de mes infirmités : je vous adore tout baigné de votre sang ; je remercie votre sacré Cœur de s'être affligé pour moi ; je déteste tous mes péchés qui vous ont causé tant de tristesse, et je promets que jamais plus je ne vous affligerai ; faites-moi la grâce que je puisse comme vous concevoir une grande douleur de mes iniquités, que je résiste jusqu'au sang aux tentations du diable et de la chair, et que je me conforme en toutes choses aux volontés de votre Père.

IIe STATION.

O Jésus mon seigneur, qui avez été souf‑fleté chez Anne et chez Caïphe, et qui avez eu le visage couvert d'indignes crachats, je vous remercie d'avoir souffert ces injures et ces confusions pour moi. Hélas ! combien de fois vous ai-je souffleté et outragé en la personne de mon prochain ! Je vous en demande très-humblement pardon, et je suis résolu désormais, de souffrir pour votre amour toutes les injures que l'on me fera ; et puisque vous tenez fait à vous-même le mal que l'on fait au prochain, je me garderai bien de l'offenser d'action ou de paroles.

IIIe STATION.

O Jésus, mon Roi, qui avez été méprisé par Hérode, et postposé par Pilate à Barrabas, je vous demande pardon de vous avoir tant de fois postposé au démon et à de misérables créatures, et promets de ne jamais plus vous déshonorer; vous serez toujours le roi de mon cœur, et je mourrai plutôt que de vous mettre, comme j'ai fait, sous les pieds de Lucifer.

IVe STATION.

O Jésus, le plus pur et le plus chaste de tous les hommes, dont la chair innocente a été déchirée de fouets, dans le prétoire de Pilate, pour expier les plaisirs criminels que nous prenons en notre chair; je reconnais que c'est pour moi que vous avez souffert de si cruels tourments; je suis marri de tant de plaies que je vous ai faites et que j'ai tant de fois renouvelées par la satisfaction que j'ai donnée à mes sens. Je vous conjure, par vos douleurs, de sanctifier mon corps et mon âme, de les laver par votre précieux sang de toutes leurs ordures, et de ne jamais souffrir que cette chair, qui est lavée de votre sang soit jamais souillée d'aucun péché.

Vᵉ STATION.

O Jésus, le plus grand des rois, qui avez été couronné d'épines, et qui avez porté sur vos épaules les marques royales de votre principauté, je vous reconnais pour mon roi et pour mon Dieu, et puisque vous n'avez aucune partie en votre corps qui ne soit déchirée, je ne veux plus prendre de plaisir en mon corps, mais vivre dans la douleur, pour être un de vos sujets et un de vos membres.

VIᵉ STATION.

O Jésus, mon rédempteur, qui avez été attaché pour moi à une croix, et qui avez versé votre sang jusqu'à la dernière goutte pour me retirer de la puissance du démon, dont j'étais esclave ; je vous remercie de cet amour incomparable que vous m'avez porté, de tant de tourments que vous avez endurés pour moi ; je baise avec respect vos sacrés pieds et vos sacrées mains, qui ont été percées pour moi :

j'adore ce sacré Cœur, qui a été ouvert pour moi, et je promets de mourir plutôt que de jamais plus vous crucifier dans le mien.

—

VIIe STATION.

O Jésus! ma vie, qui êtes mort pour moi, et qui avez été abandonné de votre Père, afin que je ne sois point abandonné à la mort.

O très-doux Agneau immolé pour le salut les hommes! ô victime d'amour et de patience! ô le Saint des saints! ô le Roi des rois! que puis-je faire pour reconnaître une si grande bonté, que ne puis-je mourir avec vous et pour vous, comme vous êtes mort pour moi?

Je crois que vous êtes mon Sauveur, et je me désespérerais, si je ne le croyais pas : j'espère que vous me pardonnerez mes péchés, et que vous me donnerez le paradis, puisque vous m'avez donné votre vie.

Je déteste mes crimes, qui sont la cause de votre mort, et je perdrais plutôt mille vies que de vous faire mourir dans mon cœur, puisque cette mort vous est infiniment plus sensible et plus ignominieuse que celle de la croix. Je vous

demande pardon pour tous ceux qui m'ont offensé, pour la vie et pour la mort ; je me donne
à votre sainte Mère ; je recommande mon esprit
entre vos mains; je vous conjure par votre abandonnement de ne me point abandonner à la
mort, mais de me recevoir en votre paradis, où
je puisse vous louer, bénir et aimer éternellement. Ainsi soit-il.

FIN.

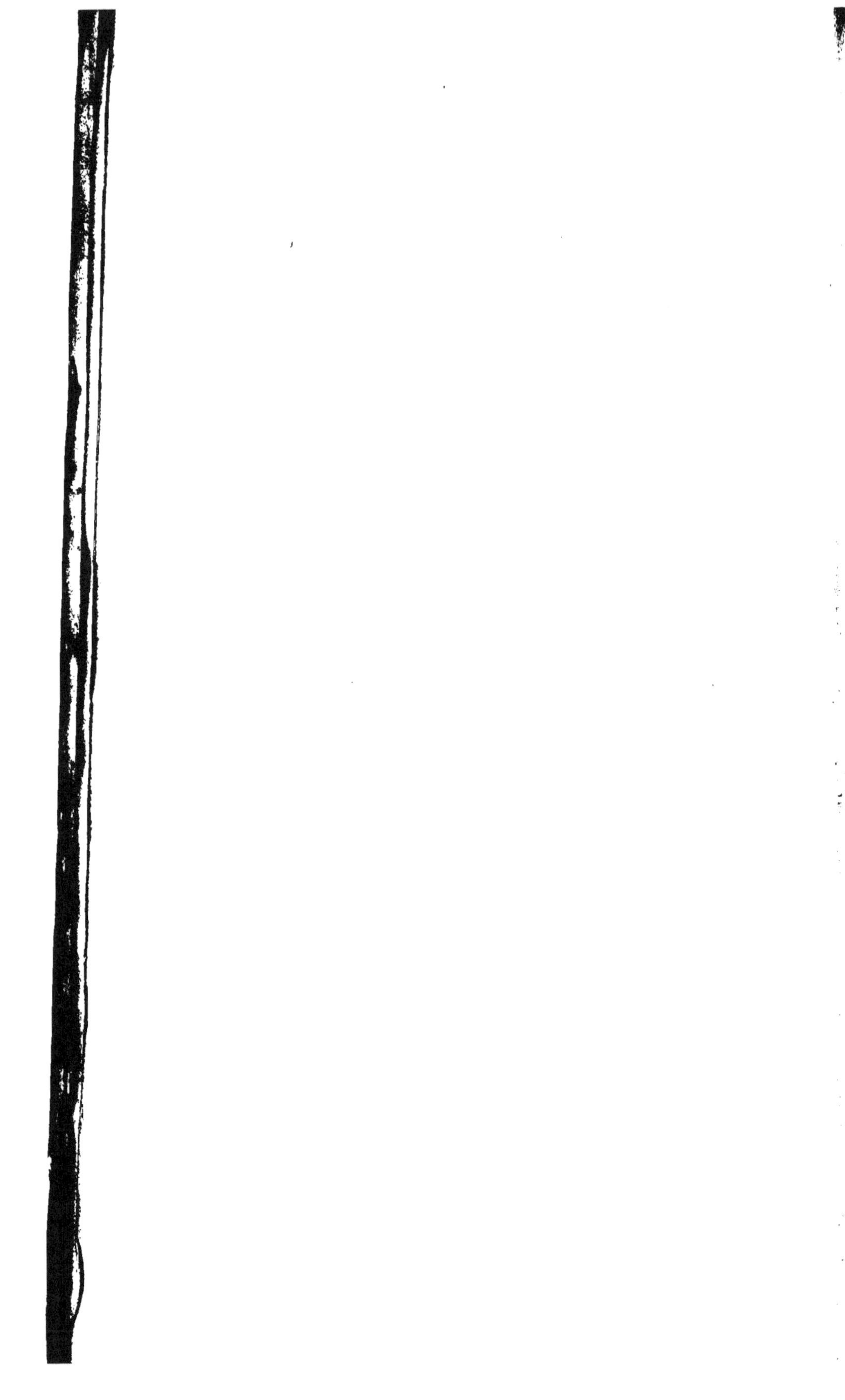

TABLE DES MATIÈRES.

NOUVELLE FORME DE MÉDITATIONS.

PREMIÈRE PARTIE.

POUR LA VIE PURGATIVE.

DEUXIÈME PARTIE.

POUR LA VIE ILLUMINATIVE.

TROISIEME PARTIE.

POUR LA VIE UNITIVE.

QUATRIÈME PARTIE.

CANTIQUES D'AMOUR

CINQUIÈME PARTIE.

POUR LES AMES QUI SONT DANS L'UNION.

FIN DE LA TABLE DES MATIÈRES.